JN436613

# 배려와 양보의 향기

박천규 수필집

오늘의문학사

국립중앙도서관 출판시도서목록(CIP)

배려와 양보의 향기 : 박천규 수필집 / 지은이: 박천규. --
대전 : 오늘의문학사, 2016
p. ; cm

표제관련정보: 아프고 힘들어도, 아름답게 살아가는 사람들
의 이야기
ISBN 978-89-5669-777-2 03810 : ₩15000

한국 현대 수필[韓國現代隨筆]

814.7-KDC6
895.745-DDC23 CIP2016023345

# 배려와 양보의 향기

박천규 수필집

## 책을 펴내며

주위에서 책을 한 번 더 내라는 권유가 가끔 뒤따랐습니다. 권유를 받아 『배려와 양보의 향기』를 내기로 결심하며 떠오른 일이 두 가지 있습니다.

1988년 영세를 받아 천주교 신자가 된 일과 1933년 뇌졸중으로 쓰러진 일입니다. 천주교 신자는 현업시절 동업선배의 20여 년에 걸친 끈질긴 권유를 받아서 선배 내외분을 대부 대모로 하여 두 분의 대자 대녀로 태어났습니다.

신자가 되어 5년째가 되던 초가을 새벽에 걷기 운동을 하던 중 나는 쓰러져 좌편마비 장애자가 되어 다니던 직장을 나와야했습니다. 퇴임 후 아내의 간병을 받으며 재활의 꿈 하나로 운동과 기도를 열심히 해왔습니다.

그런데 이건 또 무슨 날벼락입니까? 내 발병에 의해, 뇌에 심한 충격을 받은 아내마저 머리 수술, 그 후유증으로 두 사람 함께 좌편마비 장애인이 되었으니 말입니다.

이에 우리 두 사람은 생각지도 못한 장애자가 되어 천주교 신자가 된 것을 철없이 후회하며 하느님을 원망할 때면 교형 자매들은 '그럴 때일수록 더 하느님께 매달려 기도하라!'며 독려해 주었습니다.

이러는 중 발병 10년차가 되던 해 후두암으로 성대를 절제, 언어장애 후유증을 얻어 중증 2급 장애자가 되고, 척추 두 차례 수술, 신장 하나를 절제하는 등 겹치는 수술후유증으로 아내는 신 부종 치료 등에 힘쓰고 있습니다.

대부님은 목요언론인클럽을 비롯 대전가톨릭문학회 회원으로 추천, 글 쓸 기회를 만들어주었으며 프란체스카 시인도 우리 《문학사랑》에 회원으로 추천, 수필가로서 글을 쓸 수 있는 장과 기회를 만들어 주고 《문학사랑》에서 책을 낼 수 있게 길을 터주심에 감사드립니다.

아울러 원고를 처음 봐준 큰 조카딸과 신간 서적을 채택, 꾸준히 독서마당을 만들어준 지용 아빠에게도 고마운 마음을….

1993년 첫 발병 이후 두 번째 책을 펴내게 허락해주신 그분께 다시 감사드리게 됩니다.

2016년 초가을 박 천 규

## 1부 소중한 흑백 사진 한 장

## 2부 만델라의 아름다운 웃음

## 3부 청기야, 옛 따 깡개

## 4부 이팝나무 꽃 볼 수 있니?

# 1부

## 소중한 흑백 사진 한 장

2016 · 2015

# 꽃눈은 하얗게 내리고

4월 둘째 주일이 시작되던 날 오후 아파트 산책에 나섰다. 산책로 옆 화단에는 윤기가 자르르 흐르는 영산홍이 붉은 꽃봉오리를 다닥다닥 달고 반겼다. 이어진 왼쪽 화단에는 새잎을 소복이 틔운 병꽃 꽃봉오리가 고개를 들었다. 옆의 황매도 질세라 샛노란 꽃봉오리를 보였다.

앵두나무와 산 벚나무도 경쟁하듯 하얗게 꽃을 피웠고 한발 더 나가니(해당화가 아니냐는 물음을 자아내는) 명자나무 숲은 해당화처럼 붉은 꽃을 소담하게 피우고, 그 담 너머에는 총총 들어선 라일락도 보라색 꽃봉오리들이 하늘을 향해 고개를 들고 있었다.

한발 더 나아가는데, 눈앞에는 얼마 전부터 피어 만개했던 산벚나무에서 꽃눈이 봄바람을 타고 내리고 있었다. 꽃눈은 연록의 잔디 위에 내려 조화를 이루고 우레탄 산책로에는 꽃눈 수를 아름답게 놓아 또 다른 개화를 하고 있었다. 흰나비는 바람 탄 꽃눈을 친구로 아는 듯 바람에 반짝이며 날리는 꽃눈을 좇아 허공을 날아다니기에 퍽 바쁜 모습이다.

흰나비 펄럭이며 나는 아래 잔디에는 여기저기 수많은 노란 민들레 꽃이 하늘을 향해 활짝 피어 있어 비행장 활주로에 놓인 표시등과도 같았다. 산책로와 화단을 가르는 좀작살나무에는 궁형의 가는 줄기에 싸리꽃 같은 하얀 꽃이 줄기를 돌돌 말아 피어 눈길을 끌었고 이웃한 봄철의 첨병 산수유에 폈던 노랑꽃은 어느새 봄 햇살에 바랜 노병의 모습이었다.

잠시 쉬려고 길 옆 벤치에 앉았을 때 눈길을 끄는 몸집 큰 쓰레기 포대 하나. 배가 불룩한 포대 안은 때 아닌 낙엽이 가득했다. 무슨 낙엽인가 하고 보았더니 이제까지 지난 해 단풍이 고엽이 되어서도 낙엽이 되지 않았던 왕단풍나무의 고엽이었다. 새봄을 맞아 만물이 재생을 해도 새 생명의 기운을 조금도 보이지 않던 왕단풍나무가 꽃눈이 내리는 봄에 접어들자 고엽을 떨어뜨리기 시작한 모양이다.

고엽이 많이 떨어져 줄기를 드러내기 시작한 왕단풍나무 줄기를 눈여겨보니 트기 시작한 새잎 새순이 눈에 들어왔다. 왕단풍은 꽃눈이 내리기 시작할 즈음에야 왕다운 면모를 다듬어 알찬 새봄을 출발하는가?

(2016. 4. 4)

# 그리운 맛과 정

며칠 전 대학병원을 찾아 예약된 진료를 다녀오던 날이었다. 진료가 끝나고 처방된 약에 대한 조제를 마치고 나니 오후 4시경, 점심시간을 지난 때문인가? 갑자기 허기를 느꼈다. 동행자 세 사람 모두 허기를 느끼기는 마찬가지였다. "무얼 먹을까?"했더니 쉽게 뜻이 하나로 모아졌다. 30여년 잘 다니는 **식당 선지백반 집. 오후 4시쯤이면 식당이 쉬는 휴식시간이고 영업을 다시 시작하긴 보통 5시. '그래도 그 집을 한번 가보자!'며 뜻을 모았다.

폭염이 계속 되는 더위지만 그래도 그 식당 선지백반이 먹고 싶으니 일단 가보자며 찾았다. 단층의 가건물인 식당은 출입문을 활짝 열어놓고 있었다. 식당 안 주방 쪽으로 들어서며 아주머니를 몇 번 불렀다. 휴식을 취하던 참이었는지 눈을 부비며 나왔다. "때는 늦었지만 아주머니 손맛이 밴 선지백반을 먹고 싶어왔는데 먹을 수 있느냐?"고 물었다. "아이고 자실 수 있고 말구유. 얼마 만에 오셨는디유." 아주머니는 동행들의 메뉴를 물어보지도 않고 식성을 다 아는 듯 "맵게 해드려도 돼유?" 이에 모두는 매큼하게 해달라고 같은 목소리.

잠시 후 아주머니는 솥이 아니라 냄비에서 일부러 눌려 긁은 누룽지라며 기다리는 동안 누룽지 맛 좀 보라고 가져왔다. 먼저 펄펄 끓는 선짓국이 나왔다. 펄펄 끓는 선짓국 국물의 매큼한 냄새가 입맛을 다시게 했다. 담은 지 얼마 되지 않는 다는 사기그릇에 담기 열무김치에서도 맛 들어가는 국물에서 열무김치, 그 고유한 맛이 풍겨 입맛을 다시게 했다.

더위타령을 하던 일행은 타령을 잊은 듯 뜨끈한 선짓국 매큼한 국물을 떠먹기에 바빴다. 밥상 식사하는 모습을 지켜보던 아주머니는 인기 좋은 열무김치 국물을 더 가져다주었다. 아주머니는 생면이 가득 든 비닐봉지를 가져왔다. 집에 가져가서 생면을 끓여 열무김치 국물을 부은 다음, 냉면 육수를 섞어 국물을 즐기면 생면 칼국수 진미를 즐길 수 있다며 요리법까지 설명을 곁들였다.

그리고 더위에 지쳐 입맛이 떨어지면 냄비에 누려 긁어낸 누룽지 한 봉지를 주며 펄펄 끓여 먹으면 더 맛있고 밥맛도 살아난다며, 손등으로 햇빛을 가리며 안녕히 가시라 했다.

귀로 차 안에서 동행들은 가까운 곳에 새로운 메뉴를 자랑하는 음식점도 많지만 우리 입맛에 맞는 아주머니 손맛이 밴 음식을 찾아가는 것은 소박한 식당 아주머니의 정도 못 잊어 찾아 가게 된다며 "오늘 그 선지백반, 또 한 번 가까운 날에 먹으러 가자!"고 한목소리를 내었다.

(2016. 7. 31)

# 아들 노릇하는 조카들

지난 해 연말에 서울에 사는 아내의 한 절친한 친구로부터 전화가 왔다. "그간 마음먹고 준비해온 책을 출간했는데 보낼 테니 한 번 읽어도 보고 두 여동생에게도 한 권씩 나눠주라."는 것이다. 며칠 뒤에 예쁘게 장정된 세 권이 배송되었다. 『바람이 분다』는 이름을 한 비매품의 책을 받자마자 우선 출간을 축하하는 전화부터 드렸다. 책을 읽으며 사랑하던 남편과 사별한 저자의 슬픔 못잖은 깊은 감동도 아울러 안았다.

주변 친구들로부터 남다른 부러움을 사며 남편과 잉꼬부부로 멋지고 재밌게 살아오던 그녀는 5년 전 길지도 않은 병고에 시달리던 남편과 사별하는 큰 아픔을 겪었다. 북에서 홀로 내려와 온갖 어려움을 다 이겨내며, 남에서 80을 넘긴 남편의 빈소, 남쪽에 혈육이 없는데다 자녀마저 남기지 못해 조카들이 빈소를 지키며 문상객을 맞아 슬픔을 더했다. 사람들마다 앞으로 홀로 된 부인이 겪을 외로움과 그리움, 슬픔, 망자에 대한 제례를 어떻게 할 것인지, 한마음으로 걱정들을 했다.

그러나 그 후 큰 올케와 그의 세 아들은 고모의 일상을 빠뜨리지 않고 고모부 빈자리를 챙기는 것은 물론, 고모의 생각에 앞서 모든 일들을 함께 척척 해내어 걱정은 기우였다. 기제사를 비롯해 차례 지내는 일도 모두 한마음이 되어 고모와 함께 했다. 올케는 "자신은 자식들을 낳기만 했을 뿐이며, 고모부 내외가 다 교육시켜 사회에 진출시켰다."고 고마워하며 "애들은 당연히 고모부 내외를 친부모처럼 모셔야한다고, 언제나 잊지 않도록 교육시켜왔다."고도 했다.

책을 다 읽어본 아내는 친구에게 전화를 했다. "올케 언니는 어쩌면 그렇게 훌륭하시냐?"며 조카들이 흩어져 살면서도 고모 신변에 무슨 일만 생기면 친자식들처럼 순간에 한자리에 모여 기쁜 일은 함께 준비해 축하하며, 좋지 않은 일은 자신의 일처럼 뜻과 힘을 모아 처리해 내는 등 홀로된 고모가 외로움을 탈 틈을 좀처럼 주지 않는다니, 어느 친아들인들 조카보다 낫다고 장담할 수 있겠느냐고 했다.

이 모두가 다 조카들에게 어려서부터 고모부 내외가 베풀어준 사랑과 고마움, 은혜를 잊지 않도록 머리에 심어준 결과가 아니겠느냐? 며 "올케 언니를 나도 언니로 부르고 싶은데 괜찮겠느냐?"고 물었다. 올케 언니는 "내가 언니가 될 자격이 있어야지?"라며 말꼬리를 흐리며 엷은 웃음을 섞었다.

"고모님, 오는 생신에는 무슨 옷을 사드릴까요?"
"고모님, 생신에 드시고 싶은 음식 뭐예요?"
"고모님 오는 고모부 기일에는 저희들이 제물과 조화 등 다 준비해 고모님을 모실 테니 함께 산소에 가도록 하세요!"

"설이나 추석에도 모시고 성묘 다닐 테니 아무 걱정 마세요!"

"고모님 요즘 자시고 싶은 계절 음식은? 읽고 싶으신 책은? 보시고 싶은 영화는? 가시고 싶은 곳은?"

"고모님 그리고 오는 어버이날에는 우리 가족 모두 산소에 모여 고모부님과 봄나들이 하루 함께 하도록 해요!"

"저희들 모두 고모님이 새해에도 건강하시고 행복하시며 은총이 가득한 나날이 이어지길 바랍니다! 고모님, 사랑합니다!"

"저희 모두, 고모부님의 명복과 안식을 빌며 감사드립니다. 고모부님, 고모님 걱정은 하시지 않아도 되도록 저희들이 정성을 다하도록 하겠습니다!"

(2016. 1. 7)

# 아내의 소원

4월이 오면 그리운 한 친구가 친구들 곁을 떠난 지도 3년이 된다. 그 친구가 지난 2009년 9월 3일 칠순을 맞았을 때 부인이 사무실의 남편에게 메일을 보냈다. 메일을 본 친구는 아내가 소망하는 것을 들어주려면 무엇보다 건강한 것이 우선이라 생각하고 아령부터 시작해야겠다고 굳게 마음먹었다. 친구는 결심한 대로 아령 한 쌍은 집에, 또 한 쌍은 사무실에 각각 구입해 놓았다. 그리고 수시로 운동하는 습관을 들여 아내의 소원을 꼭 들어주겠다고 독한 마음을 먹고 실천에 옮겼다.

칠순을 맞았던 남편에게 부인이 보낸 메일이다.

사랑하는 나의 Mr. Lee!
어느덧 칠순을 맞네.
기쁘고 감격스러워.
이렇게 그렇게 저렇게 병치레하느라 고된 삶을 살았어도
이젠 칠십이니
요만큼의 병은

늘 곁에 있어야 하는 친구처럼
언제는 많이 친하고
때로는 소원해지기도 하면서
이럭저럭 이만큼의 건강을 허락하신 하느님께 감사드리자.
그리고 당신, Mr. Lee 께도.

난 Mr. Lee 혹은 이 **씨 이렇게 부르면, 40여 년 전 우리가 연애하던 시절로 돌아가 젊어지는 기분이다. 그리고 그 때가 생각난다. 그 땐 젊고 튼튼하고 멋도 있었다. 우리가 "김광수"라는 가명을 쓰면서 휘젓고 돌아다니던 연애시절, 우리 둘만이 아는 그 비밀스런 짓들이 지금은 짜릿함으로, 향긋함으로 뇌리를 스치고 지나간다. 68년 2월에 결혼했으니 만 41년을 같은 방향으로 동행하는 짧지 않은 세월이었다.

아빠!
그런데
숙제가 있어
남편 밥은 누워서 먹고
아들 밥은 서서 먹으며
딸내미 밥은 서서 개수대 앞에서 먹는다네.
아빠, 난 말이야.
앞으로 10년은 누워서 밥을 먹고 싶어.
귀여운 아내의 간청을 꼭 들어주시리라 믿을께.
나도 열심히 운동할게 약속해.
오늘 나한테 일어난 어떤 일은
좀 더 나은 내일의 나를 만드는 초석이 되리라 믿어.
긍정적이고 감사하는 마음은
나를 복잡하지 않게 만드는 것 같어.

자동차를 타면서도
풍성한 음식 앞에서도
반듯하게 자란 아이들을 보면서도
감사하는 마음이 절로 갖게 되지요.
생이 다 하는 날까지
쭈욱 이대로….

아빠의 칠순 날 전야에
아내 최**드립니다.

루카의 3주기를 맞으며 저장된 루카의 칼럼을 다시 훑어보다가 글, '칠순 생일에 전하는 아내의 소원'을 보게 되어 이 글을 쓰게 되었다. 루카는 큰 수술을 한 나에게 '성경을 읽어보라' 했다. 몸이 여의치 않아 요즘 성당에는 가지 못하고 매일 아침 성경을 읽으며 기도로 하루하루를 열어가고 있음은 다 루카가 준 선물이라고 믿으며 두 사람 감사고 있다. 부인께서는 얼마 전에도 몇몇 자매와 함께 대전에 오셔서 기도와 격려를 해주고 가셨다.

루카에게 영원한 안식과 평화가 늘 함께 하길 빌며, 부인을 위한 천상 기도 많이 봉헌해주길, 아울러!

(2016. 3. 30)

# 소중한 흑백 사진 한 장

지난 4월 1일 분당에 사시는 연로하신 셋째 누님 내외가 약속한 대로 한식성묘를 하러 내려오셨다. 누님은 현관에 들어서시며 그전보다 힘찬 포옹을 하며 눈물을 글썽이셨다. 몇 번씩 "그간 잘 지냈느냐?"시며 내 볼을 손으로 몇 번씩 쓰다듬으셨다. 매형은 검은 천 가방을 서둘러 여셨다.

가방 안에서 사진틀 하나와 비닐봉지에 든 흑백사진을 꺼내 놓으시며 "이 건 참 소중한 부모님 사진"이라고 힘주어 말씀하시며 만족한 웃음을 빙그레 웃으시었다. 사진틀에 든 사진에는 큰 집에서 있었던 행사에 참석했던 가족과 친척들 30여명이 차려진 푸짐한 잔칫상을 앞에 두고 할아버지와 할머니는 앞자리 좌우에 한복 차림으로 중심을 잡고 앉아 계셨다.

셋째 누님이 다가서 "이 사진은 큰 오빠가 주시며 네가 잘 보관하라." 고 했었다며 사진 맨 왼쪽 둘째 줄과 셋째 줄에 서계신 분이 바로 아버지와 어머님이라며 검은 두루마기 차림의 상고머리 아버지가 두 손을 어깨에 얹어 놓고 있는 서 있는 단발머리가 바로 세 살 때 자신이며, 어머니 앞에 검은 저고리를 입고 서 있는 사내가 바로 내 위 오빠며, 계란 형 얼굴에 낭자를 트신 어머니가 두 손으로 안고 있는 까까머리가 바로 네 위형이라고 설명해주며 한 마디 덧붙였다.

"너는 아직 태어나지 않았을 때"라고.

이 소리를 듣는 순간 가슴이 더워지며 눈물이 흐르고 흘렀다. 내가 태어나기 전의 어머님 모습을 흑백 사진으로나마 뵙기는 처음이었다. 낭자를 트신 갸름한 계란형의 어머님 생전의 생생한 모습은 듣기만 해오던 큰 누님의 모습과 너무나 꼭 닮은 모습이었다. 집에 오는 요양보호사는 사진을 보고 한 마디 하였다.

"어르신은 아버님을 많이 닮으셨네요. 어머님은 전형적인 미인이셨나 봐요!"

사진은 큰 형님이 셋째 누님에게 주시며 "구할 수 없는 아주 귀한 사진이니 네가 보관하라."고 하신 것을 잘 보관해 오시던 셋째 매형이 단골 사진관에 부탁하여 흑백합성 사진으로 만들어 주신 것이다. 이날 서둘러 부모님 산소를 찾아 어느 때보다 뜻 깊은 한식성묘를 했다. 산소 주변에는 어머님이 좋아하셨다는 씀바귀가 샛노란 꽃을 피워 파수병처럼 곳곳에 서있었다.

사진틀에 넣어진 소중한 흑백사진은 그 후 내 서재에 앉아 있어 오는 어버이날에는 부모님의 사랑이 향을 더하며 부활할 것만 같다.

“어머님, 막내아들이 어느새 어머님이 하늘에 오르시던 그 나이가 되었답니다. 아버지 어머님 하늘나라에서 명복과 평화의 안식 누리시길 빕니다.”

(2016. 5. 5)

# 은사님과 참외

6.25 한국전쟁이 일어나 어머니를 비롯한 가족이 무조건 남쪽으로 피난길에 나섰을 때 일이다. 구미에서 하룻밤을 자고 동네에서 간장을 얻어 구미 역 앞 광장 한 구석에서 김밥을 먹을 때다. 역 광장에는 멸공! 필승! 이라 붉은 글씨로 쓴 이마 띠를 두른 수많은 젊은이들이 무더기 무더기로 앉아 열차를 기다리고 있었다. 나는 그 모습을 물끄러미 바라보았다.

이 때 한 사람이 일어나 우리 쪽으로 달려 나오며 내 이름을 몇 번씩 크게 부르며 손을 흔들었다. 그는 바로 초등학교 담임선생님이 아닌가? 서로 부둥켜안았다. 어머니를 비롯한 식구들과 반가운 인사를 나누었다. 선생님은 피난길에 징집이 되어 북쪽으로 갈 열차를 기다리고 있는 중이라고 하셨다. 선생님 얼굴에는 땀방울이 방울방울, 입은 옷에는 땀이 흠빽 배어나왔다.

자꾸 출찰구를 돌아보시는 선생님, 어머니는 서둘러 노점상에게 참외 몇 개를 사서 깎아 드렸다. 선생님은 몇 점을 드시고는 몇 번씩 뒤돌아보며 돌아가셨다. 얼마 후 출찰구를 통해 징집된 장정들은 역 안으로 빨려 들어갔다. 갈 길이 바쁘니 빨리들 타라는 듯 기적소리가 우렁차게 그칠 줄 모르고 울었다. 연기를 뿜으며 서서히 역을 빠져 나간 열차는 더 우렁차게 기적을 울리며 북으로 빠져나갔다.

피난살이를 끝내고 9.28수복 후 집으로 돌아왔다. 기다리던 학교를 찾았다. 구미역 광장에서 만났던 선생님이 보이지 않았다. 아직 제대를 하지 않으셨는데 '곧, 제대하시고 올 것'이라는 소식만 귀동냥했다. 그 뒤 기다리고 기다려도 뵐 수가 없었다. 집에서 학교에 가는 길목에 있는 선생님 댁을 지나며 철 대문을 살짝 열어 울안을 들여다보았다. 그러나 아무런 인적도 느껴지지 않았다.

그 다음해였을까? 등굣길에 선생님 댁을 또 찾아보았다. 붉은 장미꽃 흐드러지게 펴 담장에 늘어진 선생님 댁 철제 대문 위에 보이지 않던 청색과 붉은 색 글씨의 현판이 보였다. 태극기 그림 아래 '호국영령의 집'이라 써 있고 선생님의 존함을 비롯해 다른 세 명의 이름이 그 아래 나란히 써 있었다. 동사무소를 찾아 이 사람 저 사람에게 물어보았다.

"그 류 할아버지가 둔 5형제 중 4명이 6.25에 전사, 호국영령이 되었다."는 것이다.

비보를 접하는 순간, 피난 길 구미역 앞 광장에서 땀을 뻘뻘 흘리시던 선생님에게 어머니가 깎아 주셨던 그 노란 참외 단 내음이 무엇보다 먼저 선생님 체취처럼 피어올랐다.

현충일을 앞두고 국립대전현충원 가는 길가에 있는 상가에 들러 노란 참외를 사 그 단 내음을 흠뻑 들여 마셨다.

'호국영령이 되신 선생님에게 평화와 안식이 늘 함께 하시길 빕니다.'

(2016. 6. 8)

# 즐겁게 봉사하는 우정

지난 4일 고교 동창으로부터 뜻밖의 우편엽서 한 통이 오랜만에 왔다. 오후 집에 오는 요양보호사가 들어오는 길에 아파트 우편함에 송달되어 있는 것을 가져온 것이다.

보내 온 사람은 며칠 전 전화를 주었던 고교 동창 한 모임의 회장. 오는 6월 24일로 창립(2006. 6. 24) 10년을 맞는 모임의 회원(같은 지역에 사는 8순을 앞둔 고교 동기동창)들이 자축하여 기념으로 점심회식을 하고자 하는데 '아래' 사항을 참고해 함께 하길 '회원 일동'이 바란다는 영광스러운 것이다.

며칠 전 이미 전화를 걸어온 그는 엽서에 실린 내용을 통화가 불편한 내 대신 아내에게 충분히 알려주어 달력에 메모까지 해놓고 있는 걸 잘 알고 기억하고 있는 것이다. 그런데 그는 그 날 모임을 10여일 앞두고 통화 내용을 확인하는 의미에서 다시 우편엽서를 보내온 것으로 보인다. 그는 또 엽서에 기념점심 '당일 11시 30분까지 사는 아파트 지하주차장에 승용차를 보내겠다.'고 불편한 나에게 약속, 오가는 길 불안도 말끔히 거두어 줘 안심도 시켰다.

하루 뒤로 다가선 그 날의 점심을 앞두고 그는 또 '내일 11시 30분까지 지하주차장으로 승용차를 보내겠다.'고 다시 문자로 알려왔다. 당일 그 시간에 주차장에 내려가니 그는 이미 몸이 가볍지 않은 다른 회원 한 명과 함께 와서 기다리고 있었다. 친구와 나는 회장의 따뜻한 우정 어린 봉사와 수고 덕에 오가는 길 아주 편하게 오가고 그리운 얼굴들과 함께 지난 날 아름다운 추억이 꽃 피는 담소를 즐겁게 나누며 시간 가는 줄도 모르고 맛있는 점심을 했다.

모임 회장인 그는 기념 점심 회식에 함께 할 수 있도록 우선 전화로 알리고, 우편엽서로 다시 확인하며, 하루 전에는 문자를 보내 알리는 등 팔순을 앞둔 고교동기들의 뜻을 받들어 정성을 다해 봉사하고 수고를 마다하지 않는 회장 소임의 귀한 표양과 책임을 보여주었다. 요즘 고령화 사회가 되면서 늘어난 모임은 점점 흩어지고 회장을 맡길 만한 사람, 맡겠다고 나서는 마땅한 사람이 없어 모임을 이끌어가기가 어려워진다는 말이 주변에서 고개를 들고 있기에 더욱 그렇다.

회장은 모임의 창립으로부터 오늘에 이르기까지 모임의 발자취와 회원들의 동정을 하나하나 빼놓지 않고 기록한 모임의 '비망록'도 작성하여 모임과 회원들의 세세한 사항을 기년체 역사처럼 보존하고 있어 이 또한 눈길을 끌었다.

기념 점심에 이어 그냥 헤어지기엔 너무 서운하다며 시원한 카페로 자릴 옮겨 친구들이 제2의 담소도 더 즐기게 했다. 그는 자기차로 아파트에까지 안전하고 편하게 실어다 주고는 다시 만날 때까지 건강하길 바란다며 흰 이를 드러내고 웃으며 손을 흔들며 돌아갔다.

(2016. 6. 20)

# 초등 동기동창회 어언 40년

올해 스승의 날이 지나고 며칠 뒤, 서울에 사는 초등학교 한 동기동창으로부터 11명이 모여 40회 동창회를 가졌다는 반가운 소식을 보내왔다. 서울에 사는 초등 동기동창들이 매년 스승의 날을 전후해 은사님들을 모시고 사은의 자리를 마련해, 은사님과 함께 가져온 동창회가 어언 올해로 마흔 살을 먹었다는 자랑스러운 소식에 다시 놀라며, 모교 역사가 갑자기 더 궁금해졌다.

모교는 1938년 6월 9일 보문산 아래에 대전대흥공립심상소학교로 설립인가를 받고 1949년 12월 31일자로 대전대흥국민학교로 교명이 변경이 된 지 47년만인 1996년 3월 1일자로 현 교명인 대전대흥초등학교로 변경되어 오늘에 이르고 있다. 1938년에 설립인가를 받아 태어난 무인생이니, 범띠인 나와는 띠 동갑이 되는 묘한 인연이다.

우리가 대흥 10회로 1952년 2월에 졸업했으니 졸업한 지도 60년을 넘기고도 5년째 접어들었다. 해방되던 다음 해인 1946년 봄 입학식에서 선생님이 이름을 부르면 '하이!'라 하지 말고 '예!'라고 답하라고 주위에서 몇 번씩 주의를 주었는데도, 그만 '하이!'라고 대답하는 바람에 순간 입학식장에 일어났던 웃음소리가 흘러간 세월과 상관없이 아직도 생생하게 들리는 기분이다.

졸업한 지 23년을 지난 1975년 서울에 사는 두 동기가 뜻을 함께 해 재경 대홍초등학교 10회 동창회를 결성하게 되었다. 다음 해인 1976년부터 재경 은사님 세 분을 모셔 은사님의 은혜에 모두 큰 절로 감사드리고 행복하고 건강하시어 장수하시길 빌며 은사님의 사랑과 동기들의 우정이 함께 하는 회식과 즐거운 시간을 가져왔다. 첫 회부터 동창회에 모셨던 은사님 세 분 중 한 은사님은 호국영령(해병대 대령)으로 국립대전 현충원에 모셔져 있고, 한분은 91세, 다른 분은 89세로 생존해 서울에 계신다.

위 세 은사님이 남겨준 소중한 추억들을 잠시 돌아본다. 현충원에 호국영령으로 모셔진 은사님은 방과 후 분필로 글자를 바르게 쓰는 방법을 가르쳐주셨고, 틈을 만들어 풍금 치고 노래하는 방법도 가르쳐 주시려고 애쓰셨다. 검은 테 안경의 은사님 모습과 선창하시던 노래 소리가 들리는 듯도 하다. 검은 턱수염에 다른 은사님(89)이 남겨준 추억의 선물은 내가 크레온으로 그린 불조심그림을 보시고 '천규 그림 잘 그리네!' 칭찬하시며 교실 뒷벽에 붙여놓게 하셨던 일 또한 잊을 수 없는 상록의 추억 한 장이다. 더하여 점심시간에 연서를 전해 달라 하시며 답서를 받아 오시라던 러브레터이야기는 아직 젊기만 하다.

그 후 동창들은 건강이 여의치 못해 동창회에 참석하시어 함께 하시지 못하는 두 분을 스승의 날에 찾아뵙고 인사를 드리고 동창회에서 마련한 사은의 선물을 전하며 모두는 건강하시어 장수하시길 한마음으로 기원해 오고 있다. 동창회를 발의해 결성한 한 동창은 매년 연초와 스승의 날에 별도로 은사님을 찾아뵙고 감사의 뜻을 전해오고 있으며, 다른 두 동창과 와병 중이신 은사님을 댁으로 찾아뵙고 문병, 밖으로 모시고 나가 자시고 싶다는 음식을 대접해 드리고 사제 간에 사랑의 담소를 나누는 시간을 함께 해 오고 있다.

교장 출신 모임에 참석하셨던 한 은사님(89)이 들려주신 이야기 한 토막이다. 은사님이 그 모임에서 "매년 스승의 날에 우리 대홍 옛 제자들이 나를 잊지 않고 계속 동창회에 초청해 참석해 선물도 받고 함께 담소하며 즐거운 회식을 해오고 있다."고 자랑삼아 말씀하셨다가 동석했던 교장선생님들로부터 핀잔 아닌 '핀잔'을 들었다는 것.

"여보시오 요즘 세상에 그런 제자들이 어디 있느냐?"

지우기라도 할 듯이 반문을 하더라는 것이다. 이에 은사님이 스승의 날에 받은 제자가 보내온 감사인사 장미카드를 꺼내 보이며 "이래도 믿지 못하느냐?"고 했더니 그제야 '인정하더라'면서 함께 박수를 치며 웃으셨다는 것이다.

2016년 2월 18일 제74회 졸업식을 가졌으니 대홍초등학교는 그간 졸업생 3만4천여 명을 배출한 것이다.

'뜻을 세우고 힘을 기르는 어린이'란 교훈 아래 자란 대홍인들은 교목,

느티나무처럼 수백 년이 지나도 변하지 않는 대흥인의 긍지와 기상을 자랑하길 바라는 마음 간절하다.

교목 느티나무에게 물어보고 싶은 일이 있다. 쉬는 시간이면 반 친구들과 운동장으로 우르르 뛰어나와 고무신을 새끼 끈으로 동여매고 덜 다져져 고르지 못한 울퉁불퉁하던 운동장에서 축구를 한다며 뛰어 놀던 우리 모습을 기억하고 있나요?

교가 가사를 한번 다시 음미해보며 음송해보았다.

'보문산 산자락에 깃을 내리고 튼튼히 자리 잡자. 우리의 동산. 빛 내리, 정의 예의 공덕과 책임. 이루자, 크게 크게 대전 대흥교.'

(2016. 5. 27)

# 회장의 메일을 받고서

11월 29일 일요일 아침 메일을 검색했더니 회장이 보내준 메일이 와 있더군. 어찌나 반가운지. 순간 사람 좋고 잘 웃으며 소주를 즐기는 소탈한 성격의 회장 얼굴이 확 피어오르더군.

안녕들 하세요?

지난 달 21일 37회 월례회가 있은 다음 날 참가했던 한 친구가 소식을 담은 메일을 주었어. 월례회 날을 그려 보내며 회식 전 친구들과 계룡산 계곡 동학사에 이르는 길을 걸을 때 가을바람에 흩날리던 낙엽을 보며 생각이 나기도 했다며.

그간 회장이 매월 보내오는 동창회 월보를 보며 건강한 동창들이 화합하는 즐거운 소식에 늘 혼자 기뻐하곤 했지. 회보가 올 때마다 참석을 하지 못하는 불충에 회장과 회원 여러분에게는 미안해하며 그럴 때마다 건강이 회복하기 바라는 마음을 더 키우곤 하지.

회장은 메일에서 모임 때면 "많은 친구들이 네 안부를 묻는다."며 연말도 다 되었으니 친구들에게 안부 겸 새해인사나 하면 어떻겠느냐는 소중한 배려를 해주었어.

메일을 받던 날은 11월 마지막 주일 — 겨울을 재촉하는 늦가을 찬비가 내렸지. 난 아내와 6시 새벽 주일미사에 참례를 했지. 29일은 교회 전례력으로는 새해가 시작되는 첫 날이자 대림 첫 주일이라 하며 4주 후에 올 성탄을 기다림과 희망으로 준비하는 바로 그런 시기지.

며칠 전 한 친구는 날씨가 차진다고 한다며 신종 독감에 걸리는 일이 없게 예방에 힘쓰라는 우정의 메일을 보내왔어. 또 다른 친구는 언어장애를 가진 나에게 매일 자신의 일과와 나에게 필요하다고 여기는 많은 의학 건강정보를 비롯해 관광정보까지 8년째 빠지지 않고 보내주고 있어. 또 그동안 갈고 닦은 기술로 촬영한 영상에 아름다운 글을 함께 보내주어 계절 따라 좋다는 곳은 거의 다 가보는 것과 같은 영상여행을 즐기게도 해주지.

때로는 외지에 사는 친구들이 몇 쌍씩 한 차를 이루어 내려와 친구들 이야기를 주 메뉴로 즐거운 시간을 함께도 해주지. 지금도 대전과 서울 동창들이 여기저기 모여 등산도 함께하며 여흥도 즐기며 한잔씩 나누어 마시며 노익장을 누린다는 소식에 덩달아 흥이 나는 거야. 때로는 몸이 불편한 친구들의 쾌유를 비는 기원을 세우기도 하고.

이런 일 저런 일들을 생각하니 친구들 얼굴과 얽혔던 일들이 봄꽃처럼 피어나는군. 우리가 대고를 졸업한 지도 벌써 금경축을 넘기고 2년째. 새해는 범띠 해 경인년.

범띠인 나도 새해에는 좀 건강해져서 보고 싶은 그리운 얼굴들을 월례회에서라도 좀 만나 손이라도 한번 꽉 잡아보고 흉허물 없는 이야기도 나누며 한잔씩 주고받을 수 있기를 바라는 게 소박한 기다림이고 희망이야.

회장님을 비롯한 친구 여러분 새해에,
모두 건강하시고 모두 복 많이 받으세요!

유성에서 **박천규**

# 수타 짜장 만드는 성화 봉송하던 손

지난 8일에도 낮 최고 30도를 오르내리는 더위가 계속 되리라는 일기예보다. 모처럼 큰 형수 모녀와 점심에 시원한 냉면이라도 하자며 약속했다. 마침 새로 자동차를 마련한 큰 조카 딸이 오가는 길, 자기차로 서빙을 하겠다고 나섰다. 친구 내외의 소개로 함께 가서 맛있게 먹었던 냉면을 하고자 했으나 찬 음식이 맞지 않는다는 형수 사정으로 손님이 많기로 이름났다며 소개하는 수타 짜장면을 바람도 쐴 겸 하기로 했다.

대전에서 40여분 거리, 공주시 이인면 이인리에 있는 손 짜장 전문집은 동*원. 도착한 시간은 12시 40분경, 단층인 중국집에 들어서 보니 넓지 않은 홀에는 우선 빈자리가 없다. 홀에는 주방에서 수타 짜장면을 만들며 면을 치는 소리가 가득했다. 주문을 한 손님들은 만들어진 짜장 등이 배식될 때마다 배식하는 사람을 쫓아보기에 바빴다. 조카딸은 서둘러 주문을 하며 "좀, 기다리셔야 해요."라는 말에 "얼마나요?"하고 물었으나 답은 웃음 섞어 같은 말만 되돌아 왔다.

주문한 지 근 한 시간 만에 탕수육이 먼저 나왔다. 탕수육으로 우선 허기를 채웠다. 조카는 되는 대로 달라며 수타 짜장도 독촉했다. 탕수육을 드시던 큰 형수님이 배식 나온 분에게 물었다.

"홀 안 주방 쪽 벽면 위에 붙은 천연색 사진 성화를 들고 달리는 사람이 누구냐?"

그는 빙긋이 웃었다.

"저에요!"

자기 가슴을 가리켰다. 88 서울 올림픽 성화를 들고 봉송하는 사진 속 그 사람은 바로 중국집 사장이자 수타 짜장을 만드는 장본인 바로 그였다.

깡마른 체구의 사장 눈에서는 금방 빛이 나며, 자신이 성화를 봉송한 것은 더 없는 평생의 영광이라며 봉송하게 된 사연을 털어놓았다. 지역 체육회장을 하며 활동해온 것이 인연이 되어 성화 봉송자로 추천이 되는 바람에 부여 경계로부터 공주 경계까지 3km를 주행하게 되는 행운을 얻었다며 자랑스러워했다.

"우리나라가 언제 또 올림픽을 다시 개최할 기회가 오겠느냐?"

"우리나라는 물론 자신은 더 없는 영광으로 알고 있다."

이야기를 이어갔다.

그 때 자신이 입었던 올림픽 성화 봉송자의 팬츠와 이마 띠, 메달과 대통령의 표창패 등 모두 소중히 간직하고 있다며 후손도 소중하게 간직해 주길 바란다며 주방에서 일하는 아들을 쳐다보며 주름진 웃음을 짓는다.

성화 봉송자는 올림픽 성화 봉송 이전부터 지금 영업을 하고 있는 곳에서 35년째 수타 짜장면을 만들어오고 있다며 부인과 아들, 가족 셋이서 매일 매일 찾아오는 손님들 사랑 속에 바쁘게 살고 있다며 건강이 뒷받침 되는 날까지 계속하고 싶다며 주방으로 서둘러 들어갔다.

코리아나의 88 서울 올림픽 주제가 Hand in hand가 점점 크게 들려오는 기분이다.

(2016. 6. 16)

# 에어컨 실외기의 미소

며칠 째 폭염이 계속 되던 날, 같은 아파트 단지에 사는 이웃 주부가 전화를 걸어왔다.

"찾아뵙고 드릴 말씀이 있는데 지금 방문해도 되겠느냐?"

잠시 후 그녀는 왔다. 자기 텃밭에서 농사지어 수확한 것이라며 먹을 거리를 조금 내 놓았다.

"무슨 일이냐?"고 물었다. "어르신 댁 에어컨 소음이 너무 커 밤잠을 설치고 있다."며 '에어컨을 옮겨 달라'는 것이다. 아파트 단지 층간에 여러 가지 소음으로 인한 이웃불화가 잦은 요즘이지만 에어컨 소음으로 이웃이 밤잠을 설친다는 민원은 드문 일. 더구나 우리 집 에어컨 소음으로 이웃이 고통을 받는다는 것은 생각지도 못한 일이라서 우선 미안한 마음에 알아보겠다고 약속했다.

그녀가 돌아가자마자 **전자 서비스센터에 신고하였다. 사정을 이야기하고 이전 설치를 신청했다. 잠시 후 연락을 주겠다던 센터에서 전화가 왔다. 계속되는 장마 속 무더위에 에어컨 설치 등 관련 민원이 많이 밀려있어 오는 토요일이나 다음 주 월요일에 현장조사를 해서 처리할 테니 그렇게 알아달라며 양해를 구해왔다. 전화를 받고 바로 센터로부터 받은 사정을 알리고 양해를 구했다. 헌데 전화를 받은 아저씨는 갑자기 언성을 높였다.

"오늘저녁부터 에어컨을 켜지 마세요!"

"우리는 어제 저녁에는 에어컨을 하나도 켜지 않았었다."

"글쎄 오늘 저녁부터는 에어컨을 켜지 마시라니까요?"

톤을 더 높이고는 전화를 끊어버렸다.

"오늘 저녁부터는 에어컨을 켜지 마세요!"라며 전화를 끊어버린 그에게 슬그머니 화가 났다. 이웃과는 10여 년 전 아파트 단지에 입주할 때부터 살아온 터라 더욱 소음이 심하다는 에어컨을 모기장 치고 걷듯이 우리 손으로 마음대로 할 수 없는 기술이 따르는 일임을 잘 알 터에 '에어컨을 오늘저녁부터 켜지 마세요!'라고 명령하듯 하다니.

그렇다면 에어컨을 켜라고 해서 우리가 켜왔단 말인지 통 이해가 되지 않았다. 그러던 토요일 오전 센터로부터 전화가 왔다. '오늘 오후에 전화를 먼저 드리고 방문 현장을 파악 처리해 드리겠다.'고.

오후 4시반경 센터에서 전화가 오고 곧 두 명의 에어컨 팀이 왔다. 에어컨 실외기 설치 장소 현장을 두루 살펴 본 팀은 에어컨을 이전해 설치하지 않아도 되겠다며 몇몇 군데 소음 발생원을 확인하고는 소음을 잡아 주고 에어컨을 가동해 한 참 소음발생여부를 자신들이 확인하고는 "소음이 나지 않는데요." 라며 확인시키고 갔다.

에어컨 서비스팀이 간 후 한동안 에어컨작동 상황과 소음 발생여부를 확인하는 우릴 보고 자칫하면 이웃 간에 불화로 번질 번한 자신의 소음이 잡힌 에어컨 실외기 자신이 스스로 "얼마나 다행인지 몰라요!"라며 미소를 보내오는 것만 같았다.

(2016. 7. 16)

# 그 스승에 그 제자

이제 졸업식도 입학식도 다 지났다. 졸업과 입학 계절을 보내며 사제 간의 살아있는 정이 담긴 글을 읽었던 감동이 되살아났다. 평생을 봉직한 교직에서 정년퇴임을 한 할아버지와 할머니가 노후를 정답게 살아가고 있었다. 어느 날 아침 할머니는 "오늘 당신은 점심 모임이 있는 날이 아니냐? 며 내 걱정은 말고 다녀오라."고 주저하는 할아버지를 안심시켰다.

혼자 점심을 든 할머니는 할아버지가 돌아오실 시간이 되자 큰 길에서 집으로 들어오는 길을 수시로 내다보았다. 이러기를 얼마나 했을까? 무슨 일이 생기셨나며 하지 않아도 좋을 걱정을 하다 스스로 마음을 가라앉히며 가슴을 쓰러내렸다. 이 때 가정 전화벨이 울렸다. 할아버지의 전화인가 싶어 기쁜 마음으로 받았다. 그러나 전화를 한 사람은 고대하던 할아버지가 아니고 할아버지의 초등학교 제자라고 자신을 소개한 60대 중년부인이었다.

궁금해 하는 할머니, 아니 은사님 사모님에게 중년부인은 전화를 하게 된 사연을 털어놓았다. 가정형편이 어려워 공납금을 내지 못해 졸업을 하지 못하게 되었을 때 담임이셨던 선생님이 공납금을 대신 내주어 졸업을 하게 되었다는 것이다. 그 후 반짝 반짝 선생님의 은혜가 생각날 때면 한번 찾아뵈어야지, 찾아뵈어야지 별러 오다 마침내 선생님의 소재를 확인하게 되어 전화를 드리게 되었다는 것이다. "할아버지가 외출 중이시라 전화를 대드리지 못해 미안해서 어쩌나." 라며 안타까워하던 할머니에게 찾아뵈어도 좋다는 날을 정했다.

점심 모임을 마치고 돌아온 할아버지에게 전화 받은 내용을 알려드렸다. 할아버지는 45년 전 가물가물한 기억을 떠올리며 밀린 공납금 187원을 내지 못해 졸업을 하지 못하게 된 담임 반 여자학생을 졸업하게 한 일이 있다며 감격스러워했다. '아니 그게 언제 일인데 그것을 아직까지 잊지 않고 있다니!'라며 할아버지 못지않게 감동스러워하는 할머니 손을 잡고는 한동안 놓을 줄을 몰랐다.

며칠 후 선생님이 대신 내준 공납금은 은사님의 은혜를 잊지 않고 가슴 가득히 간직하며 살아온 60대에 접어든 초등 여제자의 간절한 마음을 타고 은사님에게 전해졌다. 할아버지에게는 40여년의 교직 생활을 통해 때로는 버겁고 힘들었던 기억들이 보람으로 승화되는 순간이었으리라.

(2015. 3. 3)

# 안중근 의사의 책 사랑

직장 생활을 끝내고 나오던 1994년부터 책을 새 친구로 여기며 사귀고 있다. 매일 아침에 일어나면 먼저 기도를 한 다음 지인이 신문에 실린 글 중에서 골라 보내오는 내 입맛에 맞는 수필과 에세이 4, 5편을 읽고 나서 역시 지인이 사보내온 책을 읽는다. 하루 독서 기본량을 정해 읽는다.

며칠 전이다. 보내온 수필을 읽던 중에 신조어를 접하게 되고 놀란 일이 있다. '책따'라는 나로서는 처음 듣는 신조어. 책을 읽는 직원이나 친구를 따돌린다는 뜻이라는 풀이에 참으로 글 쓰는 사람에게 민망하고 당혹스런 마음이 들었다. 이어 '고도원의 아침편지' 집필자 자신이 '최고의 유산'으로 여긴다며 털어 놓은 아버지의 책 사랑 이야기가 새롭게 떠올랐다.

아버지는 모진 가난 속에서도 책을 산더미처럼 사모아 손에서 늘 책을 놓지 않았으며 자식들에게도 언제나 책을 가까이 하게 했다는 것이다. 아버지는 좋은 글귀나 감동적인 구절에는 밑줄을 긋도록 훈련시켰고 그것을 어겼을 때는 회초리를 들기도 했다며 돌아보았다.

'반강제적으로 훈련시킨 독서습관은 내 인생의 엄청난 유산이 되었고 지금의 고도원의 아침편지가 있게 한 시발점이 되었다'고 털어놓았다.

일본의 대표적인 다독가인 다치마나 다카시는 "없는 돈을 털어서 책을 사라!"했으며 일본의 건축가 안도 다다오는 고졸의 권투선수 출신으로 도꾜대 공학부 교수가 되고 세계적인 건축가의 반열에 오른 인물이다. '독학'으로 유명한 그의 건축공학 핵심은 바로 독서와 여행이었다며 고도원은 '나처럼 글쟁이의 꿈을 갖고 살아온 사람에게 책은 최고의 재산이 아닐 수 없다'는 고백이다.

추사 김정희는 이렇게 말했다.

"가슴 속에 민권의 책이 들어있어야 그것이 흘러 넘쳐서 그림과 글씨가 된다."

다음은 안중근 의사의 책에 대한 애정이 속절없이 흐르는 글이다.

'一日不讀書 口中生荊棘.'(일일부독서 구중생형극) – '하루라도 책을 읽지 않으면 입안에 가시가 돋는다.'

신조어, '책따'가 우리 사회에 더 이상 뿌리내리지 않기를 바라는 마음 하나다.

(2015. 5. 4)

# 장애 부부가 피운 꽃 한 송이

장애인의 날을 맞으면 새내기 취재 기자시절 나환자촌을 찾았던 일이 피어오른다. 특집 원고 마감일이 다가오며 미루어오던 나환자촌 취재에 나섰다. 환자촌 정문에는 출입을 막는 막대가 쳐있고 다가서자 검은 선글라스, 검은 모자에 워커를 신은 장대한 사람이 막아섰다. 용건을 들은 그는 전화, 담당자가 나오면 그와 악수를 할 것이냐고 다짐을 받았다.

지금으로부터 반세기가 지난 일이지만 나환자 촌 취재 길에 마음에 내키지 않던 나환자와의 첫 악수하던 일과 정호승 시인이 소록도를 탐방하고 쓴 글이 함께 생생하게 떠오른다.

시인은 환자들만 모여 사는 천형의 섬에서 36년이나 나환자들을 돌봄으로써 우리나라 나환자들의 아버지라고 불리던 소록도 병원장 신경식(작고) 원장의 배려로 소록도를 방문하게 된다.

처음 찾은 곳은 육영수 여사의 뜻으로 건립했다는 양지회관. 마침 서른 명쯤 되는 노인 환자들이 식탁에 둘러 앉아 미역국에 밥을 말아 먹고 있었다. 그들은 한결같이 손가락도 없는 몽당손에다 무슨 비닐 끈 따위를 친친 감아 그 속에다 숟가락을 끼워 밥을 먹고 있었다.

원장은 '저분들이야말로 한 사람 앞에 한 사람씩의 보조자가 절실히 필요한 사람들입니다.'

시인은 원장이 하는 말이 제대로 귀에 들리지 않았으며 입안에 제대로 들어가지 못하고 입언저리로 흐르는 미역국만 쳐다보았다.

다음에 가 본 중증 양성 환자들이 있는 제2병동도 마찬가지. 병동에 들어가는 순간 너무 놀라 입을 다물 수가 없었다는 시인. 두 손 모두 손가락이라고는 하나도 없는 몽당손을 한 남자, 손가락은 몇 개 남아 있으되 그만 갈고리 손이 된 중년 여인, 한쪽 눈이 실명되고 이빨마저 다 빠져버린 할머니 등의 모습은 모두 충격적이었다. 놀라움으로 한동안 거의 숨조차 쉴 수 없었다는 필자.

환자들이 가꾸고 있는 마늘 밭을 지날 때 원장은 "그냥 지나치지 말고 저기 저 마늘 밭을 한번 보십시오. 저 마늘 밭 주인은 부부인데 부인은 눈이 있으나 다리가 없고, 남편은 다리는 있으나 눈이 없어요. 그래서 다리 있는 남편이 눈 있는 부인을 업고 서로 한 몸이 되어 거의 기다시피 하면서 밭을 매요. 그런데 놀라운 일은 이 일대 마늘 밭에서 저 마늘밭이 잡풀 한 포기 없이 가장 잘 가꾸어지고 있다는 사실입니다. 그런 몸으로 저들 부부는 일편단심으로 밭만 맵니다. 얼핏 보기에는 인간이 당할 수 있는 가장 심한 불행에 처해 있는 것 같지만 실은 그렇지가 않아요. 부부와 이야기를 해보면 놀랍게도 하루하루를 감사와 기쁨 속에서 살아가고 있다는 것을 느낄 수가 있어요. 나는 그런 소록도 사람들을 통해 가장 솔직하고 순수한 인간의 모습을 느끼게 됩니다."

원장은 말을 이었다. "생명을 부여한 절대자가 허락할 때까지는 운명에 순종하고 살아가야 하는 게 바로 우리 인생입니다."

새내기 취재기자시절 나환자촌을 취재하며 느끼지 못했던 것을 늦게나마 깨닫게 해준 장애부부가 한 몸이 되어 마늘밭을 매며 하루하루를 감사와 기쁨 속에서 살아가는 모습이었다.

(2015. 4. 14)

# 한국인들 당장 눈앞의 은혜에만 감동하나?

지난 8월 15일 광복 70주년을 맞아 한국문학번역원장, 김성곤 서울대 명예교수가 쓴 글을 읽은 일이 있다. 글은 19세기말에 한반도에 온 어느 외국인이 자신이 관찰하고 경험한 당시 조선사회에 대해 남긴 흥미 있는 기록을 간추린 것이다. 그중에는 웃고 넘길 만한 것도 있고 지금은 사라져 해당이 안 되는 것도 있지만, 어떤 것은 여전히 변하지 않고 있어 고개를 끄덕이게 하는 단점과 같은 것도 있다는 것이다.

그중의 하나가 "한국인들은 당장 눈앞의 은혜에는 감동하고 威嚴에도 복종하지만 조금만 지나면 다 잊어버리고, 은혜를 베풀면 당연하게 생각하며 위엄을 가하면 곧 원망한다."고 말했다. 전쟁으로 어려울 때 이웃과 다른 나라의 도움을 많이 받아서인지 우리는 은혜를 쉽게 잊고 신세지는 것을 당연하게 생각하는 경향이 있다고도 했다. "…우리는 은혜를 쉽게 잊고…"가 마음에 걸렸다.

미 뉴저지주 저지시티 리버티스테이크파크 입구에 한국전 참전용사의 추모비가 서있고 부상당한 한국 병사를 미군 병사가 부축하는 4m의 동상이 자리 잡고 있다. 추모비는 허드슨카운티가 한국전에서 희생된 126명을 추모하고자 세운 조형물이다. 이곳에서 한국전 발발 65주년을 맞이하여 기념행사가 열렸다. 미국 참전용사와 한국 참전용사가 함께 기념식에 참석했다. 여든이 넘으신 연로한 왕년의 용사들이 제복을 입고 그때를 추모하는 눈물겨운 광경이었다.

추모행사가 끝나고 저지시티에 위치한 뉴저지 한인 교회에서 점심을 대접했다. 한국전 참전 의미와 고마움을 표시하고 그들의 노고를 치하하기 위한 자리였다. 미국참전 용사 가족들도 많이 함께 했다. 음식은 한국에서 먹어 보았거나 먹어 보고 싶어 하는 것을 위주로 차려 그들이 한국을 더 생각하고 한국을 피부로 느낄 수 있는 것으로 마련했다. 중심 음식은 밥을 가운데 놓고 불고기와 야채부침 김치 만두에 옅은 된장 국물까지 곁들여 잡채를 둥그렇게 담아 모두들 맛있게 먹어 준비한 쪽에서도 흐뭇했다는 한마당.

이 한국전 참전용사 점심 대접 추모행사를 보고 마음에 걸리던 '…우리는 은혜를 잊고.'가 어느 정도 가시고 가벼워지는 느낌이 들며 한국전에 참전, 우리 조국 대한민국을 구해준 UN군의 소중한 희생이 더 값지게 떠올랐다. 전국 곳곳에는 한국전 참전 16개 UN 우방국의 추모비가 역사의 증인처럼 서있다. 우리는 UN과 한국전 참전 UN우방국의 은혜를 쉽게 혹시 잊고 있지는 않은지 한번쯤 돌아볼 일이라는 생각이 들기도 한다.

부산에는 2,300위의 유엔전몰용사가 영면한 세계에 하나밖에 없는 UN기념공원이 있다. 7월 27일은 유엔군이 한국전에 참전한 우리가 잊지 말아야 할 기념일이다. 10월 24일은 유엔창설을 기념하는 유엔 데이이기도 하다.

공원 안에 세워진 '유엔군 전몰장병추모명비'에는

— 우리들 가슴에 님들의 이름을 사랑으로 새깁니다.
우리의 조국에 님들의 이름을 감사로 새깁니다.

한국전 참전유엔군 전몰용사를 영구히 추모하며 —

(2015. 9. 2)

# 부모님과 고무신

지난 12일 국립대전현충원 야생화공원에 야생 꽃사슴 두 마리가 출몰했다는 영상 뉴스를 보았다. 뉴스를 혼자 보기는 귀하고 아까워 아내와 함께 보고 또 보았다. 야생 꽃사슴이 현충원에 나타나다니? 라는 놀라는 반응에 현충원에 야생화공원이 어디 있느냐? 는 물음이 따랐으나 현충원에 야생화공원이 있는 것을 모르는 나에게는 숙제 하나가 더 생겼다.

야생 꽃사슴이 현충원에 출몰했다는 영상 뉴스에 기쁨을 더해 주는 또 다른 이메일 영상물이 들어왔다. 용인에 사는 사진 찍기를 무척 좋아하는 고등학교 친구가 밖에 나갔다가 모심기 전 쓰레질하는 물이 가득한 논에서 먹거리를 찾아다니는 백로 떼를 보았다며 몇 커트를 찍어 보내왔다. 좀처럼 보기 힘든 백로 떼 영상을 보는 순간 논에서 쓰레질하시던 아버지, 그리고 고향에 가던 신작로가 떠올랐다.

초등학교 입학을 전후한 내 어린 시절, 꽤 오래 전 부모님과 함께 고향 큰 집으로 명절을 쇠거나 문안 인사를 드리러 갈 때면 신작로를 오갔다. 큰 집에 갈 때면 아버지와 어머니 그리고 막내아들인 나도 함께, 주로 셋이서 걸어갔다. 그 당시 신작로에는 버스가 다니지 않고 가뭄에 콩 나듯 먼지만 뽀얗게 내며 다니는 트럭이 있을 뿐인 시절이었다.

겨울철 큰 집에 갈 때면 아버지는 바지저고리 두루마기에 중절모, 어머니는 치마저고리에 목도리를 두르시고, 나도 솜바지저고리를 입었다. 대전 대흥동 집에서 판암동을 지나 세천 고개를 넘어 타박타박 큰 집 가는 길을 서둘렀다. 어머니와 나는 빨리 걷는다고 걸었지만 앞서 가시던 아버지는 몇 번씩 뒤돌아보시며 빨리 좀 따라오라고 독촉하시었다. 그럴 때마다 어머니와 나는 손을 맞잡고 뛰듯이 걸었다.

손잡고 뛰듯이 걸을 때면 흘리는 말처럼 혼자 하시던 어머님 말씀이 지금도 들려온다. "새 흰 고무신 대신 신던 검정고무신을 그대로 신었으면 걷기가 훨씬 더 수월했을 텐데…." 고향 큰 집에 가거나 중요한 집안 행사에 갈 때는 새 흰 고무신을 신고 가라는 아버지 호령(?) 한 마디에 발에 익지 않은 새 고무신을 신고 걸어 걷기가 불편하시다고 하시던 말씀이다. 10남매를 두신 아버지께서는 어머님 고무신 한 켤레라도 이렇게 아끼시는 알뜰절약생활을 하셨던 모양이다.

초등학교 시절 축구화는 물론 운동화는 생각도 못했던 터라 고무신을 새끼로 꽉 동여매고 축구화 삼아 공을 찰 때면 찬 공보다 더 높이 오르고 공보다 앞서 날아가던 벗어진 고무신을 쫓아가며 깔깔대던 운동장이 한 장의 그림같이 지금도 생생하다.

고향에 한번 다녀오시고 나면 어머니는 서둘러 흰 고무신을 아버지 신발과 함께 새 것처럼 깨끗이 닦아 햇볕에 말리지 않으시고 고무신 고무가 녹지 않도록 그늘에 나란히 놓아 말리시던 두 쌍의 흰 고무신이 뚜렷하다.

아버지와 어머니는 집에서는 언제나 검정고무신을 신으셨다. 요즘은 흰 고무신이든 검정고무신이든 고무신 자체를 좀처럼 보기가 어려워졌다. 앞으로 커나는 어린이들은 아마도 고무신이 도대체 무엇인지 모르거나 하나의 유물로 여길지도 모른다.

그러나 검정고무신과 흰 고무신에 배어 있는 부모님의 절약정신만은 결코 잊어서는 안 될, 부모님이 남겨주신 소중한 유산으로 새삼 여겨진다.

(2015. 5. 16)

# 정년을 모르는 은사님의 사랑

김장철이 끝나갈 무렵, 같은 성당에 다니는 한 자매로부터 전화가 왔다. "김장은 어떻게 했느냐?"고 묻는. 통화를 한 그 날 저녁 그 자매가 집으로 찾아왔다. 김장은 여러 사람들이 도와줘 걱정이 없다고 한 말에 현장을 자기 눈으로 확인하기 위해서 온 모양인가? 설명을 자세히 들은 자매는 그래도 걱정이 되는지 "김장이 떨어지면 꼭 연락을 주시라."며 일어서려 했다.

이 때 그녀에게 집의 김장은 어떻게 했느냐고 물었다. 이 말에 초등은사님이 배추농사를 지어 놓으시고 연락을 주시어 은사님 댁에 가서 올 김장을 해왔다며 즐거운 웃음꽃을 활짝 피웠다. 함께 웃으며 "연로하실 초등 은사님이 배추농사를 지어주시다니 무슨 말이냐?"고 따지듯이 물었다. 초등 은사님 내외는 지난해에는 김장을 해서 몸소 집에까지 가져다 주셨다며 거꾸로 된 것만 같아 고맙고 죄송할 뿐이라고 털어놓았다. 그런 은사님 내외가 올해에는 '텃밭에 선일이네 몫으로 배추 60포기를 심어놓았으니 와서 김장을 담아 가라'고 연락을 주셨다는 것이다.

그녀는 김장을 담그고 나오면서 "내년부터는 저희들 김장은 더 이상 걱정하지 마시라."고 말씀드렸다. 이에 은사님은 "그런 소린 하지 마! 내 텃밭에 내가 무공해 배추를 열심히 길러 주고 싶은 주변 사람들에게 조금씩이나마 나눠주는 기쁨이 나에게 더 큰 기쁨을 안겨주는 걸!"이라며 손사래를 지으시더라는 것이다.

은사와 최선일 자매님의 인연은 47년 전, 자매가 부여군 외산면 무술초등학교 4학년 1반 때 초임발령을 받은 은사님이 자매의 담임을 맡으면서부터 시작되었다. 자매의 눈에 비친 초임 발령을 받아 오신 31살 담임 정기현 선생님은 '얼마나 깔끔하시고 인품이 멋있어 보이시는지' 몰랐다고 기억을 되살렸다. 부반장을 맡았던 자매는 남보다 먼저 등교하여 모든 교실 창문을 열어놓고 털이개질을 하며 먼지를 털고 칠판을 닦아 다른 교실보다 깨끗하게 해놓아 담임선생님의 칭찬이 이어져 자신은 더 부지런해졌다는 것이다.

어느 토요일 담임선생님이 부르시어 "선일아, 너 우리 집에 와서 밥 좀 해줄래?"하시어 한 번도 해보지 않은 밥인데도 냉큼 "네!"하고 답을 했다는 제자. 이날 사모님은 고향에 다니러 가셨다는 설명이 뒤따랐다. 그런데 처음 지은 밥은 이게 웬일? 제일 밑층은 까맣게 타고 2층은 꼬드밥, 맨 위 칸은 죽이 되었으니…! 그래도 담임선생님은 "넌 밥도 참 잘 하는구나~3층 밥이면 어떠니? 익어서 먹을 수가 있기만 하면 되지!"하시던 그 말씀을 잊을 수가 없다며 떠올린 자매.

어느 날 선생님은 그녀를 부르시더니 그녀의 저금통장을 가져오라고 하셨단다.

“왜요, 선생님?”

“ 그냥 가지고 와봐.”

“그 후 선생님께서는 월급을 타시면 매월 천 원씩 자매 통장에 저금을 꼭 해주셨어요. 철없던 저는 저금이 늘어나는 재미로 통장을 매달 가져다 드렸지요. 그러던 어느 날 아버지께서 통장을 보시게 되었어요. 통장에 웬 돈이 그렇게 많이 들어있느냐고 역정을 내시는 바람에 사실대로 말씀드렸지요.”

그래도 노발대발하시며 통장을 당장 갖다드리라고 불호령! 어머니께서 싸주신 인절미와 엿, 통장을 가지고 선생님 댁을 찾았다가 퇴짜를 맞았다. 그러나 자매는 6학년 졸업 때 그 저금통장 덕인지 저금상 등 온갖 상을 휩쓸다시피 해 다른 친구들에게 미안하기도 했었다고 그 당시 기분을 말하기도 했다.

그 후 담임선생님은 중등교사 자격을 얻어 조치원종합고등학교 교사로 발령을 받고 떠나시는 바람에 헤어지게 되는 아픔을 겪었다는 제자.

고등학교로 발령을 받아 가신 후 선생님은 ‘정00(부)’라고 발송인을 쓴 편지를 보내주시어 교무실에 편지를 찾으러 간 선일에게 선생님들이 “너희 아빠와 너는 성이 다르네? 다리 밑에서 주어왔니?”라고 놀림을 받기도 했단다. 그런 가운데도 선생님께는 수시로 안부편지를 하셨다. 6학년 졸업을 하게 되고 중학교에 입학할 무렵이었다. 선생님은 중학교에 입학하면 필요한 각종 교과서와 참고서를 자전거에 한가득 싣고 제자의 집을 직접 찾아가셨다. 지금도 제자는 그 고마움에 다시 감사드리며 ‘잊을 수 없는 그 일’을 가슴 깊이 간직하고 있다.

제자가 고등학교 진학 입학시험을 앞두고 있을 때 진로지도에 쏟아 주셨던 관심과 정성 또한 잊을 수가 없다고 한다. "선일아, 나는 네가 00 여고에 진학했으면 소원이 없겠다. 떨어지면 붙을 때까지 내가 학원비다 대줄 게 아무 걱정마라!" 그러나 자매 실력으로는 00여고에 진학하기에는 역부족임을 누구보다 잘 알기에 00여상에 지원했으나 그마저 불합격. 선생님에게 실망을 시켜드렸다는 부끄러운 마음에 아무런 말씀도 드리지 못하고 친구들과 함께 훌쩍 고향을 떠나 마산에 있는 한 산업체 부설학교에서 공부하면서 직장을 다니게 되었다.

26세가 되던 해 직장을 그만 두고 고향에 돌아와 제일 먼저 한 일은 10여 년 동안 선생님과 소식을 끊고 지내 마음에 졌던 무거운 짐부터 벗어내는 일이었다. 전화번호 책을 펴놓고 선생님의 존함을 찾아보기로 해 이인동명 28명에게 전화를 걸은 지 세 번째 통화에서 운 좋게도 선생님을 찾는 행운을 얻었다. "여보세요!" "저 실례지만 정00선생님 댁 맞나요?" "네, 그렇습니다만 누구시죠?" "무술초등학교 4학년 1반 담임 선생님이셨던 정기현 선생님 맞으세요?" "네 맞습니다만." "선생님, 저 최선일이에요…. 그동안 잘 지내셨어요? 아무 연락도 못 드려 죄송합니다…."

선생님과의 통화로 사시는 곳을 확인한 후 서둘러 남동생과 함께 정년퇴직하시고 사신다는 댁으로 찾아 간 제자. 자매와 남동생을 보신 선생님과 사모님은 신랑과 함께 오는 줄 알았다며, "그간 어떻게 된 거냐?" 며 반문하셨다. 직장 다닌다는 구실로 객지에서 두 분께 연락 한번 못 드렸던 잘못, 정말 죄송하다며 용서를 비는 말씀을 드렸다. 은사님 내외분은 오히려 "용서는 무슨 용서냐?"며 아직 결혼도 못하고 노처녀가 되어서야 어쩌느냐며 서두르셔서 한 남자와 뜻밖에 선도 보게 되었다.

선을 본 남자는 선생님 친구의 사촌동생. 처음 만난 그 남자는 21세기를 살아가는 데 세 가지가 꼭 필요하다며 첫째는 운전, 둘째는 컴퓨터, 셋째는 영어라며 열을 올렸어요. 처음 만난 여자한테 그런 말을 하는 그 사람이 예사롭지 여겨지지 않더라는 것.

이렇게 선만 보고 헤어져 한참동안 아무런 연락이 없어 잊어버리고 살았는데 어느 날 갑자기 연락이 왔다. "선일 씨, 접시에 물이 엎질러졌나요?" "아니요? 안 엎질러진 것 같은데요?" "그래요? 다행이네요." 이렇게 두 사람의 만남과 사귐은 다시 시작되었다. 얼마 후 상견례 현장에서 중매시켜주신 사모님의 신랑감에 대한 갖은 1급 칭찬 덕에 자매 어머님의 승낙까지 받아서 결혼하기에 이른 것도 모두 은사님내외분의 중매가 맺어준 열매로 여긴다는 자매의 확실한 풀이였다.

은사님 내외분의 중매로 그 남자와 결혼을 한 자매는 1남 1녀를 두고 정년을 모르는 은사님의 한결 같은 사랑을 받으며 오늘도 행복하게 살아가고 있다. 은사님 내외를 자기네 인생의 맨토로 모신다는 제자 내외는 수시로 친정 부모님 찾듯이 은사님 내외를 찾아뵈며 은사님 내외는 시집간 따님 집 가듯이 내왕하며 만남의 인연을 이어가고 있어 주위의 부러움을 사고 있다.

(2015. 12. 12)

# 내 고향 지금 어디에

내 고향은 대청댐 담수가 시작되던 1979년부터 수몰되기 시작해 완전히 수몰되었다. 이를 테면 나도 수몰민인 셈이다. 꽤 오래전 평생을 몸바쳐온 교직에서 퇴직하신 큰 형은 퇴직 후에 시간 나는 대로 고향을 찾아 가신다는 이야기를 종종 들었다. 어느 핸가 추석에 형님 댁을 찾아 차례를 올리고 나올 때다.

"야, 이거 가져가거라. 고향 돌이다!"

형이 준 헝겊으로 싼 묵직한 보따리에는 돌이 잔뜩 들어있었다. 퇴직 후 고향을 자주 찾던 형이 금강 변과 고향 앞을 흐르던 냇가에서 주워온 돌이란 것이다. 고향 돌!

가끔 집에 오시면 형은 고향 돌을 안부했다. 다들 잘 있느냐? 가끔 목욕은 시키며 물을 주느냐? 고 물으셨다. 형이 고향 돌을 주신 후 20여년 후 나도 퇴직을 하게 되었다. 퇴직을 한 후 아파트 베란다에 화분들과 함께 놓아둔 고향 돌을 자주 돌아보게 되고 형의 말대로 목욕도 시키고 화분에 물을 줄 때면 바싹 마른 돌에도 물을 흠뻑 주었다. 그러면 돌도 화분의 꽃처럼 나무처럼 생기를 찾아 고향 돌의 모습을 보여주는 듯 했다.

근 10년 전 살던 곳에서 지금 사는 곳으로 이사를 하게 되었다. 일손이 부족한 터라 이삿짐센터에 거의 모든 것을 맡기며 고향 돌은 그냥 돌이 아니고 내 고향돌이니 하나라도 빠뜨리지 말고 잘 챙겨 옮겨 달라고 신신 당부했다. 이삿짐을 풀어 하나하나 정리하며 고향 돌을 찾아보았다. 그러나 보자기에 쌌던 돌은 보이질 않았다. 시간을 두고 차근차근 정리하다 보면 틀림없이 나올 것이라 믿었다, 그러나 이사를 해 짐을 다 정리했을 무렵에도 돌은 보이지 않았다. 아마도 이삿짐을 정리하는 과정에서 고향 돌을 쓸데없이 짐만 되는 돌로 여긴 사람이 쓰레기처럼 버린 것이라 여길 수밖에 다른 수가 없었다.

이삿짐을 정리한 후 얼마 지나 이사 인사도 드릴 겸 형 집을 찾았다. 형 집에는 햇볕이 잘 드는 마당 화단 한쪽에 고향 돌 한 무더기가 예쁘게 놓여있었다. 마음에는 고향돌이 없어진 사연을 이야기하고 돌을 몇 개라도 얻어 오고 싶었으나 돌에 밴 형의 사랑과 정이 생각나서 감히 달라고 할 수가 없었다. 그리고 속으로는 이사과정에서 돌의 행방을 물어주기만 바랐다.

어느 수필을 본 기억이 새롭다. 추석을 맞아 모인 집안 어른들이 고향 땅에 흩어져 있는 조상의 산소를 하나의 봉안소를 마련해 옮겨 놓는 것이 어떻겠느냐며 아래 사람들의 의견을 물었다. 얼마 후 아래 사람들은 의견을 모았다.

"조상들의 산소가 있는 고향 땅에 산소마저 고향을 떠나게 되면 고향이 없어지는 것이 아니냐?"

의견을 모아 내놓아 봉안소를 설치하려던 집안 어르신들은 자신들의 의견을 일단 내려놓게 되었다. 그리고 어르신들은 아랫사람들의 걱정 '그러면 고향이 없어지는 것이 아니냐?' 고향사랑 정신에 오히려 고개를 끄덕이게 되었다는 것이다.

가을 추수철에 고향을 찾을 때마다 찾아보던 수령 700여년을 자랑하던 마을 수호신 은행나무도 대청댐 담수와 함께 사라져 고향을 찾아도 그 어느 곳에서도 그 흔적을 찾을 길이 없다. 고향 큰집 뒷산 봉댐이 아래 모여 있던 고향동네 초가집도, 초가집을 둘러싸던 탱자나무도 영상으로 머릿속에만 남아 있다.

고향집에서 내리막길을 따라 장터에 이르면 무성하던 나무 숲속의 정자도 보이지 않는다. 고향 사람은 물론 외지사람들이 많이 찾아 여름을 보내던 금강 변 소나무 숲 울울하던 송정도 사라졌다.

명절이나 집안 큰 일이 있을 추울 때면 두루마기 한복을 입은 아버지와 어머니를 따라 호호 손을 불며 고향을 찾아가던 자갈길에 줄지어 섰던 미루나무 신작로도 없어졌다. 신작로 옆 내를 따라 서있던 수양버들의 바람 춤도 더는 볼 수가 없다. 정월보름날 쥐불놀이 나갔다가 바지에 불이 붙어 동네가 떠나라 소리치며 걸음아 날 살리라며 집으로 달려가던 그 언덕길도 없어졌으며, 땅이 녹기 시작하는 봄철이면 햇볕이 잘 드는 동네 돌담 아래에서 쥐를 잡는다며 흙을 파내다 할아버지의 싸리 빗자루 세례를 받으며 도망가던 그 고샅길도 없어졌다.

추석이나 설 등 우리 고유 명절이 오면 찾아간 고향에서 제일 먼저 꼬리를 치며 나와 반기던 검둥이와 닭 우는 소리, 외양간에서 인사하는 송아지의 울음소리도 들을 수가 없다. 무엇보다 고향이 수몰된 터라 인사드릴 동네 어르신들도 볼 수 없고, 함께 자란 동네 친구도 없어 찾아간 고향은 어디에도 남아 있지 않아 수몰되기 전 고향이 더 그리워진다. 고향 돌아 지금 너는 어디에 있니?

(2015. 9. 20)

# 네비게이션 같은 우정

친구 중에 여러 가지 항암투병을 하며 옆구리에 삽관하여 유동식으로 어려운 나날을 살면서도 주위에 웃음과 여유를 잃지 않고 고루 나눠주는 친구가 있다. 보통 사람들처럼 입으로 식사를 하지 못한 지도 꽤나 오래 된다. 건강했을 때는 사업을 하면서 주위에 어려운 친구들이나 도움이 필요한 이웃에게 눈을 감지 않고 평소에 많은 도움을 주면서 살아온 친구다.

그러기에 이 친구를 잊지 못하는 친구들이 친구의 투병을 지켜보며 힘을 보태주고 함께 고통을 조금이나마 나누거나 덜어주려고 늘 모여든다. 그런 친구 중의 한 친구로부터 투병 중인 친구가 머잖아 대전을 떠나 아들이 사는 곳으로 이사할 것이라는 전화가 왔다. 친구는 그 친구가 이사하기 전에 친구들을 한 번 더 만나 보려한다는 것이다. 친구가 나도 만나보고 싶어 한다는 뜻도 전하며 어떠냐고 물었다. 나는 그간 그 친구의 근황을 그를 통해 종종 알아오던 터였다.

얼마 후 소식을 전했던 친구로부터 만나기로 한 친구들과 날짜와 시간, 점심장소를 알리며 어떻겠느냐고 타진하는 전화가 왔다. 물론 "제 백사하고 만나고 싶다!"고 했다.

그런 다음 날 친구로부터 전화가 왔다.

"나 지금 당신 아파트 지하주장에 와 있다."

주차장에서 만난 그는 흰 이를 드러내고 웃었다.

"아무래도 걱정이 돼 왔다."

그러며 엽서를 주었다.

"그날 참석할 친구들에게 보낼 엽선데 요즘 우편물 지각이 심해 제 날짜에 도착하지 않을 것 같아 걱정이 돼 직접 가지고 왔다."

그는 식사장소가 도해된 엽서에 차량진행 화살방향이 붉게 표시된 것을 직접 설명하고는 "알겠느냐?"고 확인하고는 "볼 일이 있다."며 권하는 차 한 잔도 마다하고 바삐 그대로 돌아갔다.

다음 날 집에 오는 요양보호사와 함께 만날 식당을 찾아 위치를 확인하고 점심시간 식당주변의 주차사정을 살펴보았다. 식당주변 노상주차는 어렵게 보여 지하주차장의 진입로 사정과 주차면적을 보았으나 역시 너무 좁아 내 실력으로는 안전하게 주차가 어렵겠다는 판단을 내리고 갈 때는 요양보호사에게 운전을 부탁하고 돌아오는 길은 택시 편을 이용하기로 마음을 정하고 그날 만남을 기다렸다.

그런데 다음 날 친구로부터 또 전화, "생각(내가 지체장애)을 미처 하지 못했다."며 "만나기로 한 날 내가 11시 40분까지 당신아파트 지하주차장으로 차를 가지고 갈 테니 그 때 만나자."는 것. 그날 지하주차장 출구 앞으로 나가 그의 차를 기다렸다. 시간이 아직 좀 남았나 하여 시계를 볼 때 경적소리와 함께 지하주차장에서 차가 나오며 운전석 옆 조수석 차창이 열리며 그가 손을 흔들며 "지하주차장에서 만나기로 했었잖아?"라며 웃었다.

약속한 식당 안으로 안내한 그는 좌석을 가리켰다.
"먼저 가 앉아 있어. 곧 친구들이 올 거야, 차 주차하고 올 게!"

약속한 시간이 되며 하나 둘 들어와 자리를 채우며 오랜만의 기쁜 악수를 나누고는 이사할 예정인 친구가 오길 기다릴 때, 오늘 점심자리까지 데려오는 우정의 수고를 한 친구이자 오늘의 모임 회장인 그는 자신이 작성했다는 인쇄물 한 장을 주었다. 오늘 식당에서 점심을 함께 하는 친구들이 회원으로 있는 탄생 9년이 된 모임을 소개하는 인쇄물이다. 같은 동네에 사는 고교 동창들의 면면을 소개하고 있었다. 동창들은 모임 탄생 이후 매주 한 차례씩 만나 가벼운 동네 동산 등산을 한 후 늘 점심을 함께 해 왔으니 그간 점심 화수만도 450여회에 이르는 기록을 자랑하고 있었다.

오늘 모임의 VIP, 이사 갈 친구가 도우미의 부축을 받으며 지팡이를 짚은 몸으로, 환하게 웃으며, 손을 흔들며 들어와 모두 함께 다시 박수로 환영하였다.

오늘 모임에 나를 데리고 와 이사 갈 친구를 만날 수 있게 해준 친구는

27세 젊은 나이에 교수로 임용되어 한 국립대학교 문리과 대학 수학과에서 많은 제자를 길러냈다. 그는 10년 전 정년퇴임한 후 자신이 속한 모임에서는 할 수 있는 모든 친절과 봉사 재능기여로 모두의 네비게이선처럼 하루하루를 바쁘게 수놓아가며 2모작 인생을 살아가 많은 사람들의 칭송을 받아오고 있다.

# 여름이 오면 생각나는 초등동창

태양과 바다의 계절 8월이 열렸다. 해마다 한여름 바캉스계절이 되면 초등학교 다닐 때 일이 한 여름 뭉게구름처럼 피어오른다. 불볕 같은 더위가 하루하루 맹위를 떨치고 매미 울음소리가 하늘을 가득 채울 때면 1940년대 후반, 다니던 초등학교 저학년 시절 점심시간이 그림처럼 펼쳐진다.

점심시간이 되면 도시락을 싸가지 못한 아이들은 운동장으로 뛰어나가 쏟아지는 뜨거운 햇볕 아래 운동장을 뛰어 다니며 놀기에 바빴다. 뻘뻘 흐르는 땀으로 목욕을 한 친구들은 앞 다투어 수돗가에 몰려들었다. 수도꼭지에 입을 대고 수돗물을 벌컥벌컥 마시는 친구는 뒤에서 차례를 기다리는 사람을 생각할 겨를이 없다. 순서가 되어 마시는 수돗물 맛이란 말 그대로 꿀맛이었다.

점심시간이 끝날 즈음이면 앞 다투어 시원한 교실로 뛰어 들어갔다. 이때까지도 점심을 먹는 친구가 있었다. 내 옆 자리에 앉는 친구도 그

중의 하나. 교실에 들어서자마자 친구 도시락을 훑어보았다. 친구는 거의 매일 흔한 보리밥 대신에 찐 감자를 가져와 먹었다. 친구는 점심시간 종이 울리면 싸온 찐 감자 몇 개를 내 다리 허벅지 위에 놓으며 눈을 찔끔 감았다. 다른 아이들이 보기 전에 먹어치우라는 신호였다.

그렇게 얻어먹은 찐 감자는 왜 그렇게 맛이 있었던지. 수업이 끝나고 집에 갈 시간 망설이다 용기를 내어 친구에게 말했다. “찐 감자를 내 몫까지 좀 가져 올 수 없겠느냐?” 친구는 말하는 나를 쳐다보며 자기 어머니에게 이야기해 볼 테니 차라리 집에 함께 가서 찌어주는 감자를 마음껏 먹는 것이 좋지 않겠느냐며 환영하였다.

다음 날 기다리고 기다린 하교 시간에 함께 친구 집으로 갔다. 찌는 태양 아래 실 같은 논길 밭길을 따라 얼마를 갔을까. 앞서 가던 친구가 손부채를 들어 햇빛을 가리며 저 앞 매미 울음소리 쟁쟁한 짙푸른 나무숲 아래 연기가 하얗게 피어오르는 초가를 가리켰다. “저기가 우리 집이다. 다 왔다.”며 흰 이를 드러내며 웃었다. 친구 집 울안 마당에는 배어다 놓은 보릿단이 수북하게 쌓여 있고 연기 자욱한 부엌에서는 흰 수건을 머리에 얹은 친구 어머님이 땀을 뻘뻘 흘리며 불을 때고 계셨다.

친구 어머님께 인사를 드렸더니 “네가 찐 감자 실컷 먹고 싶다는 그 친구냐?”며 지금 찌고 있는 중이이니 많이 먹으라며 반겨주셨다. 녹음 그늘 아래 앉아 쪄 내온 감자를 둘이 앉아 얼마나 먹었는지 모른다. 더운 날씨에 찐 감자를 먹으니 온 몸은 땀에 흠뻑 빠졌다.

친구가 동네를 끼고 길게 흐르는 물가를 가리키며 저 냇가에 가서 나와 함께 멱이나 감자며 앞장섰다. 여름이면 날마다 나와 멱을 감는다는 친구는 온 몸이 깜둥이였다. 따라 나섰다. 친구는 훌훌 벗어던지고 먼저 들어간다며 둑에 올라서더니 물이 좀 깊다는 곳에 서서 "뒤따라 들어오라!"며 덤벙 뛰어 들었다.

그러나 나는 맥주병이었다. 물가 모래밭에서 혼자 물에 들락날락하면서 더위를 씻어내며 즐겼다. 얼마를 놀다보니 친구가 궁금했다. 아무리 둘러 찾아보아도 물놀이하는 친구는 보이질 않았다. 한편 겁이 나면서도 친구는 멱 감는데 선수니까 하면서 한동안 물속에서 나올 친구를 기다렸다. 그러나 아무리 기다려 찾아보아도 친구는 나오질 않았다.

놀란 가슴 겁나는 바람에 서둘러 친구 집으로 달렸다. 어머님께 사정을 알렸다. 어머님은 별로 놀라지도 않으시면서 "우리 병락이는 더 놀다가 올 것."이라며 오히려 나를 달래며 놀라지 말라고 하셨다. 냇가를 쳐다보며 한동안 기다려도 친구는 오지 않았다. 다시 고개를 드는 겁나는 마음. 어머님께 인사를 드리고 서둘러 집으로 달려왔다. 다음 날 나는 학교 가는 것이 무서워 학교 가는 것을 포기하고 집 주위 산에 올라 시간을 보내다 돌아왔다.

며칠 뒤 이른 아침 담임선생님과 친구 어머님이 우리 집에 함께 오셨다. 친구는 물에 빠져 하늘나라로 갔다며 네 죄가 아니니, 이제 함께 학교에 가자는 것이다.

여름철이 다가 오면 70여 년 전 그 친구 집에 가서 먹던 찐 감자 맛, 함께 찾아 미역 감던 냇가, 담임선생님과 자당님의 인자하신 목소리가 새로워진다.

나는 지금도 수영을 하지 못한다. 그러나 그 동창의 이름 염병락은 뚜렷하게 각인되어 살아있다. 하지감자가 나오는 여름철이 다가오면 냇물에 뛰어 들던 '깜둥이' 그 동창이 더 그리워져, 천상의 안식을 빌게 된다.

# 세계 자연문화유산 제주를 찾아

지난 17일 3박 4일 일정으로 제주 여행길에 올랐다. 이번 여행을 계획한 바오로가 아파트로 와서 일행과 함께 6시 30분 청주국제공항을 향해 출발, 8시 30분 이륙, 50분 만에 제주국제공항에 닿았다. 공항에서 탁송화물을 찾아 예약한 렌터카에 몸을 싣고 공황을 빠져 나가 생각나는 '유리네' 식당을 찾아가 도착하니 10시 20분.

'세계가 찾는 제주, 세계로 가는 제주'를 내세운 제주관광에 나서기에 앞서 '대통령이 사랑한 맛 집' 향토음식점 '유리네'에서 아점부터 해결하기로 했다. 다른 식당 같으면 아직 손님을 받지 않을 시간인데도 이 식당 안 자리는 벌써 빈 곳이 하나 없어 입구 좁은 구석 하나 밖에 없는 의자에 앉아 기다려야만 했다. 기다리며 식당 안 벽면을 도배한 식당을 다녀간 사람들이 남긴 글들을 보며 역대 세 대통령의 얼굴과 글도 볼 수 있었다. 문화관광부가 선정한 전국 유명식당 100곳에 한 곳이라는 것도 알았다. 유명한 식당의 주 차림 갈치조림을 들고 나도 11시를 겨우 지났다.

서둘러 20분 거리에 있는 용두암을 첫 관광지로 찾았다. 주차장에는 많은 대형관광버스를 비롯한 차들이 몰려 주차하기조차 힘들었다. 용두암에 이르는 길을 걸으며 단체로 몰려든 중국 관광객들의 시끌벅적한 큰 말소리로 온통 정신이 하나 없었고, 접근하기도 힘들어 멀리서 바라보는데 그쳐야 해, 제주에 몰려든다는 중국관관광객의 실체를 실감할 수 있었다.

세계7대 자연경관으로 선정된 제주에 오면 순례해보겠다고 마음먹은 제주 성지 : 우리나라 첫 사제였던 성 김대건 신부 제주 표착을 기념하는 성당과 기념관을 찾아 두루 살펴보고 기도하고 나오니 기념관 앞길 건너 넓은 보리밭에는 누렇게 익은 보리가 청정한 제주 바다바람결에 해맑은 제주 햇살 아래 파도쳐 한 폭의 명화처럼 눈길을 잡았다. 동행은 이렇게 누렇게 익은 보리밭을 보긴 참 오랜만이라며, 몇 번씩 반복하며 감흥에 젖어 일행도 공감하며 박수.

숙소에 들러 잠시 휴식을 취하고 이름난 '서귀포 매일 올레 공영시장' 구경 길에 나섰다. 장 안에 들어서니 장옥 천정에 '옵데 강, 고맙수다'라고 크게 쓴 현액 아래 줄을 짓는 손님들을 내려다보며 인사를 했다. 시장에 얼마나 많은 외국 관광객이 오는지는 '옵데 강, 고맙수다'를 'Jeju, welcom to you.'에 이어 일어와 중국어 불어 등 많은 외국어로 풀어 놓은 것이 색다르게 보여, 공영시장의 인기를 읽어 볼 수 있었다.

장에서 나와 실비와 맛으로 소문났다는 '용의 식당'을 찾아 두루치기 맛을 즐기며 어둠이 깔리는 초저녁부터 형형색색 장식등이 켜져 보기가 더 아름답다는 8,000여 평에 조성된 제주 유리 박물관을 찾아 마치

부활한 것만 같은 한라산 천년 숲과 계곡의 아름다움도 즐겼다.

제주 여행 이틀째를 맞아 이른 아침 일어나 창문을 열어 하늘과 바다 눈치를 보았다. 예보대로 비가 내려 옥외관광 대신 실내 관광 위주로 하기로 하고 숙소에서 간단하게 아침을 해결하며 비가 내려 바다 수평선과 하늘이 맞닿아 구분이 되지 않는 날씨를 원망하면서도 가는 빗속에 숙소 앞 해안 도로 걷기에 나섰다. 밀려왔다 밀려나가는 파도 소리, 하얀 파도 꽃과 함께 제주에서 제일을 자랑하다는 올레 코스를 제주 파수꾼 나무들과 함께 가랑비 샤워를 즐기며 걸었다.

비가 계속 내리는 속에 투병하면서도 제주의 자연만을 사랑, 30여만 장의 귀한 사진을 찍어 폐교한 초등학교에 사진작가 본인이 조성한 공원과 그 안 '김영갑 갤러리 두모악'(한라산 옛 이름) 상설 전시관을 관람할 수 있었음은 고인이 된 작가가 준 선물로 여겨졌다. 갤러리를 나와 성산일출봉 근처 소문난 '경미네' 식당에서 문어튀김, 해물 라면 등으로 점심을 해결하고 내리는 빗속에 '추억의 거리'를 걸으며 공주 한복집, 예산댁 집과 같은 귀에 익은 지명 앞에서 감흥을 더했다.

이어 제주 세계자연문화유산센터 둘러보며 제주의 생성과정을 잠시 돌아보고 이를 4D영화로 관람도 했다. 들어와 숙소에서 현직시절 내가 즐겨 입던 갈색점퍼이야기를 나누며 잠시 추억의 담소를 나누었다..

사흘째 이른 아침 100만평의 대지에 조성 중인 제주 역사와 문화의 산 증인 – 제주 돌 문화 공원을 찾았다. 우선 찾은 곳은 제1코스. 지하에 있는 박물관 위 입구 지상에는 한라산 영실 전설 속의 설문 대할망

(키 49,000m, 훗날 5백장군의 생모가 됨)의 모성애와 인간적인 약점을 함께 이야기해 주는 설화의 하늘연못을 보았다. 연못을 거쳐 박물관으로 내려가 둘러보고 다시 지상으로 나와 제1코스관람을 마치고 선녀들이 목욕했다는 전설의 섭지코지 아래에 있는 세계적 건축가가 설계했다는 유명한 Glass House 안 경양식 'Mint'에서 성산일출봉과 바다, 제주 조랑말들이 꼬리를 흔들며 한가히 풀을 뜯고 있는 목장 초원을 구경하며 점심을 즐겼다. 식후 들락이는 파도에 의해 자연의 수석전시회가 연출되는 삽지코치를 배경으로 몇 컷 찍고 숙소에서 잠시 휴식을 취한 뒤 '새 섬 숯불갈비'를 찾아 이번 제주 여행 마지막 날 저녁을 입맛으로 장식했다.

여행 마지막 날 이른 아침 상쾌한 산길을 달려 한라산 1,100고지까지 드라이브하며 제주 세계자연문화유산을 한 번 더 만나 인사하고 그 보호와 보존의 국가적 국민적 막중한 책임이 세계적 책임임을 느끼며 제주 국제공항으로 향했다. 제주 자연은 우리만의 자연유산이 아니고 세계의 유산이기에 더욱 그러하다.

청주공항까지 하늘 구름 위를 날아오며 제주 해안을 거의 반이나 드라이브하며 보았던 빗속에도 물길질을 그치지 않던 해녀들의 강한 모습이 푸른 바다에 피어나던 흰 파도처럼 다시 떠올렸다.

* 여행하는 동안 지팡이가 되어주기도 하고 휠체어를 끌어준 바오로, 마리아에게 감사의 말을 남긴다.

(2015. 5. 22)

# 2부

## 만델라의 아름다운 웃음

2014 · 2013

# 마더 테레사의 두 체험

마더 테레사는 1981년 4월 22일에 일본에 도착하여 일주일 동안 머물렀습니다. 마더는 나이가 일흔이라고 여길 수 없을 만큼 정력적으로 여러 차례의 모임과 강연회에 참석했습니다. 4월 24일, 수도원에 들어간 지 만 50년이 된다는 마더는 이틀 전 공항 도착 때와 똑같은 옷차림, 즉 누덕누덕 기운 자국이 남아 있고 자주 빨아서 색이 바랜 사리와 회색 가디건을 걸치고 강연회에 참석, 축하 기념강연을 했답니다.

마더는 이날도 어느 강연을 할 때와 같이 두 가지 체험담을 이야기했지요. 그 하나는 어느 날 마더가 탁발로 받은 얼마 되지 않은 쌀을 슬럼가에서 사는 쇠약한 주부에게 나누어주었던 일. 쌀을 받은 주부는 보잘 것 없는 쌀을 반으로 나누어 뜻밖에도 뒷집으로 가더랍니다. 이에 마더가 물었지요. "당신은 가족이 열 명이나 되는데 나머지 절반으로는 부족하지 않느냐?" 고. 이에 여인은 환하게 웃으면서 "뒷집사람들은 벌써 며칠째 굶고 있는 걸요!"라고 대답을 하며, 오히려 당연하게 여기는 자랑스러운 모습을 보고 놀랐답니다.

주부의 대답에 흡족한 마더는 "가난한 사람이 아름답다고 말하는 뜻을 조금은 이해하시겠습니까?" 청중에게 덧붙였습니다.

두 번째 체험담으로 마더는 "나는 사랑의 위대함을 힌두교도인 네 살짜리로부터 배웠다."는 말과 더불어 이야기를 시작했어요. 언제였던가. 콜카타에서 설탕을 구하기가 몹시 어려운 적이 있었지요. 마더 하우스에도 설탕이 없다는 사실을 알게 된 네 살짜리 힌두교도 아이가 사흘간 설탕에 손을 대지 않더랍니다. 사흘 후 그 아이가 어머니와 함께 마더를 찾아왔습니다. 손에 설탕이 든 병을 들고 머뭇거리면서, "마더, 나 사흘 설탕 안 먹었어. 이거, 여기 친구에게 주고 싶어."라고 하며 쳐다보아 놀랐어요. 그 어머니에게 혹시 가르쳐주었느냐고 물었더니 그 어머니는 "아니에요. 마더! 이 아이가 집에 오더니 느닷없이 마더 하우스에 설탕이 없다니까. 내 것을 드리고 싶다는 거예요." 라고 자랑스럽게 말하더라고 들려주었지요.

"이것은 작은 행위입니다. 그렇지만 아주 크고 풍요로운 사랑, 통렬한 사랑입니다. 그리고 중요한 것은 물질의 양보다 사랑의 양이라는 사실을 그 아이가 나에게 가르쳐주었다는 점입니다."

이 두 가지 체험담은 마더 테레사의 모든 생활과 모든 사고의 원점을 상징한다고 할 수 있습니다.

* 이 글은 마더 테레사의 일상을 20여 년 동안 추적하여 영상으로 기록해 온 오키 모리히로의 산문집 '마더 테레사, 넘치는 사랑'을 참고한 것입니다.

(2014. 2. 2)

# 만델라의 아름다운 웃음

연말을 맞아 책장을 훑어보던 중에 5년 전에 한 수도자가 보내줘 읽었던 책에 눈길이 닿았다. 눈길은 처음 그 책을 읽으며 받았던 감동과 기쁨이 생생하기 되살아나기 때문에 다시 읽어보기로 했다. 의사이자 시인인 마종기는 '이 책은… 보석이다. 상처받은 영혼을 치유하는 처방전이고 아픔과 부끄러움과 분노의 어둠에서 해방되고 자유로워지고 그래서 평화로워지는 안정제'라 했다.

이 책은 '이 세상에 상처 없는 영혼이 있을까?'하는 저자의 의문으로 시작된다. 그리고 상처를 받은 이, 상처를 안고 사는 이, 용서문제로 괴로워하는 이를 위해 쓰였다고 헌사에서 밝히고 있다.

책을 읽으며 만델라를 만났다. 만델라(Nelson Mandela : 1918. 7. 18 ― 2013. 12. 15 향년 95세)는 백인 정권의 핍박을 받아 27년간 감옥에 갇혀 있다가 석방된 다음, 남아메리카 공화국 대통령에 당선된 사람임은 누구나 다 익히 아는 사실이다. 긴 세월 수감생활은 미움과 원한이 사무칠 만한 시간이었다. 그런데 그는 자신의 대통령 취임을 축하해 주러 온 내빈들을 소개하면서 세상 사람들을 깜짝 놀라게 한 것이다.

처음 소개된 내빈들은 세계 각국에서 온 정계요인들이었다. 그 다음으로 소개된 사람들은 그를 감옥에 가두고 지켰던 세 명의 간수들이었다. 하얀 백발의 만델라가 천천히 일어나서 그들에게 정중하게 예의를 갖춰 인사하는 모습을 보고, 취임식장에 있던 모든 내빈들은 한 편 놀라며 숙연해졌다.

만델라가 외친 말은 보복이 아닌 용서요, 징벌이 아닌 화해였다. 그는 27년 만에 감옥에서 나오면서 자신의 심경을 이렇게 말했다. "수감실에서 나와 바깥세상의 자유로 통하는 대문을 넘어설 때 분노와 원한을 감옥에 남겨두지 않는다면, 나는 여전히 갇혀 있는 것과 마찬가지라는 사실을 분명히 깨달았습니다."

이런 깨달음이 있었기에 그는 대통령 취임식에서 "이 나라에 복수와 앙갚음과 보복은 있을 수 없습니다. 우리는 함께 전진하여 인종차별주의가 없는 남아공을 건설해야 합니다."라고 외칠 수가 있었다. 계속해서 그는 대통령으로 국무를 수행하면서 어떤 자리에 있든 늘 자애롭고 밝은 웃음을 띠면서 용서와 화해 정책을 실행해 나갔다. 덕분에 우리는 잔혹한 차별이 있던 나라 남아공에서 지금까지 보복이 있었다는 말을 아직 듣지 못했다. 그의 자애롭고 밝은 웃음은 진정 인간이 지을 수 있는 웃음 가운데 가장 아름다운 웃음일 것이다.

1983년 미국에서 있었던 일이다. 캘빈 존슨이란 흑인남자가 백인 여자를 성폭행했다는 죄로 법정에 서게 되었다 그날 배심원들은 모두 백인. 이들은 존슨이 무죄임을 알리는 증언이 있었음에도 유죄라고 결론을 내렸다. 그리하여 존슨은 무기징역을 선고받았다. 존슨은 "나는 죄가 없다."며 "나는 잘못 기소되었습니다." "나는 죄가 없습니다." "하느님께서 나의 억울함을 벗겨주시도록 날마다 기도할 것입니다."라고 최후진술을 했다.

그 후 16년이 지나 존슨은 다시 법정에 서게 되었다. 유전자 검사결과 진범이 아니라는 것이 밝혀졌기 때문이다. 석방될 때 존슨의 손에는 성경을 꼭 쥐고 있었다. 재판정을 나설 때 기자들이 질문을 퍼부었다. "존슨 씨, 당신을 16년간 감옥에 집어넣어 썩게 만든 배심원과 재판관을 증오하지 않습니까? 그들에게 보복하고 싶지 않습니까?"

존슨이 대답했다. "아니요, 저는 증오하지 않습니다. 타오르는 분노와 증오를 제 마음에 담고 있으면 그것이 저를 죽일 것입니다. 제게 중요한 것은 사는 것입니다. 제게 필요한 것은 어서 일자리를 찾는 것입니다."

한 해가 다 저물기 전에 화해하고 용서할 일이 있으면 새해 들어 뒤늦게 후회하지 말라는 종소리처럼 들렸다.

* 참고 '미움이 그친 바로 그 순간'(송봉모)

(2014. 12. 23)

# 영세가 안겨준 지팡이

4월을 맞으면 천주교에 입교 세례를 받던 성당화단에 만개해 그윽한 향을 품어내던 라일락 그 향이 새롭게 느껴진다. 무엇보다 세례를 받을 수 있도록 이끌어준 잊을 수 없는 두 형제가 세월이 흐르면 흐를수록 라일락 향처럼 그 향기를 더 발한다. 신앙 대선배인 한 형제는 대부님이 되어준 분이고 다른 형제는 고등학교 후배면서 신앙선배였던 분이다.

세례는 1989년 4월 15일 대전 선화동 성당에서 있었으니 오는 4월 15일이면 영세 25년, 은경축이 되는 날이다.

대부가 되어준 신앙 선배인 형제와는 군을 제대한 후 새내기 직장생활을 시작하던 1968년 이른 봄에 처음 만나게 되었다. 선배와는 직장생활 활동 일선이 같았기에 만날 수 있는 기회를 얻게 된 것이다. 선배는 활자매체에서, 나는 전파매체에서 매체와 소속직장은 다르지만 같은 취재 보도 분야에서 성질이 같은 일을 하는 사이였다.

선배는 내가 써낸 뉴스가 나가는 것을 청취하고 종종 빠진 뉴스를 알려주기도 하고 뉴스에 대한 청취소감을 말해주고 격려도 하며 미처 취재하지 못한 것을 알려주기도 했다. 선배는 열차편에 작성한 기사를 역송하고 나서 잘 다니는 막걸리 단골집으로 불러내어 취재 기법, 기사작성 요령, 동료기자들과의 관계, 기관출입기자로서 갖춰야할 기본자세 등 여러 가지 도움이 되는 이야기를 들려주기도 했다.

그러던 어느 날 어둠이 깔리기 시작하는 시간, 술자리에서 일어선 선배는 술도 깰 겸 걸어서 집에 간다며 헤어지는 인사를 나누고 걸어갔다. 한동안 선배의 뒷모습을 바라보던 나는 선배를 따라갔다. 선배의 집도 알아 둘 겸 못 다한 이야기도 더할 겸. 인동 철도 굴다리 밑을 지날 때 선배는 여기서 얼마만 더 가면 바로 내 집이라며 손으로 가리켰다. 집이 더 가까워지자 선배는 머뭇거리며 서더니 "믿음이 있느냐?"고 물어 없다고 하자 "성당에 나와 보라. 괜찮은 곳이다."며 쳐다보더니 "한번 생각해 보라."고. 그 때가 1969년 중추, 넓고 맑은 밤하늘에 뜬 달빛은 유난히도 밝았다.

이와 같은 선배의 권유로 1989년 세례를 받기까지 20년이라는 긴 세월이 흘렀다. 문제는 세례를 받으려면 성당에서 실시하는 6개월간의 예비자 교리를 받아야 하는데 사제관에서 저녁에 실시하는 특별교리에 어떻게 참석하느냐가 문제였다. 직장생활을 하는 몸인데다 시간에 맞춰 유천동에서 선화동까지 어떻게 가야하는지 교통문제. 그러나 이 문제는 후배가 매일 퇴근하면 우리 집에 자기 차를 가지고 (그 당시 나는 차가 없었다.) 부인과 함께 와서 이미 영세를 한 몸이면서도 우리와 함께 다시 예비자 교리 6개월간을 받았다. 그리하여 예비자 교리를 받을 자격(?)을 심사하는 찰고를 무사히 마쳤다.

찰고가 끝난 후 선배를 대부로 모시기로 마음을 먹고 예비자교리를 다 마치고 "제가 부활영세를 하게 되었는데 대부님으로 모시고 싶다."며 뜻을 받아주시길 바랐다. 대부님의 첫 반응은 놀랍게도 "아니, 영세를 받는다고?" 그러더니 곧 껄껄 웃으시며 쾌히 승낙을 했다. 아내도 함께 영세를 한다고 하자 "대모는 정했느냐?" 며 "내 아내를 대모로 하면 어떠냐?"하여 두말할 필요 없이 고맙다는 인사를 했다.

드디어 1989년 부활절을 앞둔 4월 15일 선배님 — 시몬을 대부로, 부인 — 수산나 자매님을 대모로 하여, 나는 대건 안드레아, 아내는 마리아로 영세를 해 주님의 자녀로 각각 태어났다. 같은 해 5월 28일에는 두 분을 대부와 대모로 하여 견진성사도 받았다.

그러나 영세 이후 세례를 왜 받았는지, 하느님은 정말로 계시기나 한지, 후회도 되고 의심스런 마음도 들게 하는 그칠 줄 모르는 병고로 인한 시련과 고통이라는 너무나 긴 터널이 계속되었다.

첫 터널은 영세 후 5년차가 되던 1993년 9월 초 가을, 나에게는 생각지도 못한 뇌경색이라는 병마가 찾아온 것이다. 한 번도 생각해 본 적도, 집안 병력도 들어보지 못한 뇌에 흐르는 피가 막혀 시지에 미비현상이 일어나기 시작한 것이다. 오랜 입원생활을 거쳐 퇴원하게 되었으나 좌편마비라는 후유증을 얻었다.

그러나 이건 또 웬일? 편마비 후유증을 앓는 나의 병간호와 병원을 갈 때마다 간병에 온통 심혈을 기울이던 아내 마리아가 1995년 3월 새 봄, 새 생명 부활의 잔치를 펴기 시작할 때 서울로 큰 대학병원을 찾아 엄청난 병명을 얻고 뇌수술을 해야만 했다. 마리아는 수술진의 장담과는 달리 나처럼 좌편마비라는 후유증을 얻어 지체장애 3급의 몸이 되어 병원을 나와야 했다. 두 사람은 좌편 마비된 몸을 조금이라도 재활시켜보려고 시간만 나면 병원을 찾아 통증과 재활치료에 힘쓰며 서로 위로하고 격려하며, 운동도 하며 투병을 열심히 해왔다.

뇌경색 10년째가 되던 2002년 봄 나는 또 후두암 판정을 받고 성대를 모두 절제해 내는 수술을 받아야만 했다. 수술이 남긴 또 하나의 후유증은 언어장애. 또 1~2년마다 인공후드를 갈아 끼워야만 하는 진료는 지금까지도 이어지고 있다. 나는 뇌경색으로 얻은 후유증으로 지체장애 3급 장애자가 되고 나서 언어장애후유증까지 겹쳐 중증 2급 장애자가 되었다.

그러나 병마라는 터널은 여기서 그치지 않았다. 마리아는 신장암 수술, 골절되고 좁아진 척추 수술 2회, 후유증으로 하지부종, 신장 암 수술 이후 이어진 탈장으로 수술 2회 등 영세 이후 지나온 터널만도 이렇게 많았고, 아직 지나고 있는 긴 터널이 있으며 또 어떤 터널이 앞에 나타날지 모른다.

하지만 계속 되는 병마로 이어진 터널은 병마라는 고통과 수난을 통과할 적마다 주님에 대한 사랑과 믿음을 키우고 키워 이제는 어떠한 병마, 아무리 긴 터널이 나타나도 주님과 함께라면, 터널을 지나면 새 빛을 볼 수 있다는 굳은 마음이 나와 마리아 안에서 자라고 있어 아무런 두려움이 없다.

이러한 마음은 영세 이후 계속 된 병마로 인한 시련과 고통이라는 터널을 잘 지나도록 이끌어주신 주님에게 얻어진 지팡이 – 선물이라 여겨져 세례의 고마움을 다시 느끼게 되는 것이다.

시몬 대부님과 수산나 대모님, 안셀모 형제와 크리스티나 자매님, 은경축을 맞으니 저와 마리아가 세례를 받을 수 있도록 이끌어 주셨음에 다시 감사드리며, 늘 주님과 함께 하며 동행해주시기를 바라는 마음 간절하다 *

(2014. 4)

# 휠체어 장애우가 쳐준 종소리

지난 25일 금요일 아침 9시경 복지관의 목욕탕을 찾았다. 탕 안에 들어서니 몇 사람 되지 않는 장애우들이 목욕을 하고 있었다. 문을 열고 들어서는 순간 "반갑습니다!"는 인사말이 맞았다. 인사를 한 장애우는 활동보호자가 끌어주는 수동 휠체어를 타고 다녀야만 하는 중증 장애우. 그는 목욕탕 문을 열고 들어서는 자기 세면대 앞 거울에 비친 내 모습을 본 모양이다.

그 옆 자리에 앉아 머리를 감고 세면을 한 뒤 면도를 하려 할 때다. 그가 내 뒤로 옮겨 앉는 것이다. 내 등을 닦아 주겠다고 어눌하게 말하며 활짝 웃으며 쳐다보았다. 활동보호자의 도움을 얻어야만 목욕을 하는 그가 내 등을 닦아주겠다는 것이다. 내가 닦겠다고 했으나 그는 웃으며 내 타월과 비누를 가져가 휠체어에 앉은 불편한 몸, 힘없는 손으로 등을 닦아주었다. 얼마나 닦았을까. 그는 타월을 넘겨주며, 다 닦았다며 다시 한 번 활짝, 수동휠체어를 후진시켜 나가려는 몸짓을 하였다.

시원히 닦아 줄 수 없는 내 처지지만 등을 닦아주겠다고 하자, 보호자가 닦아주었다는 손짓 몸짓에 "고맙습니다!" "신난다!"를 연발하며 나갔다.

이 날 저녁 아파트 경비실 경비 아저씨로부터 전화. 택배물이 보관되어 있다고 알리는. 택배물의 크기나 무게도 모르기에 다음 날 아침에 찾을까 했으나 무더운 여름 장마철 택배물이라 걱정되는 점도 있어 찾아오기로 하고 내려갔다. 엘리베이터에서 내려 지하주차장 현관 입구 문쪽으로 가는데 현관문 창을 통해 밖에 이웃 주부가 서있는 모습이 보였다. 주부는 카터에 짐을 싣고 들어오던 길. 그녀는 내가 경비실에 택배물을 찾으러 간다는 말을 듣고 자신이 찾아온다며 곧 되돌아 나갔다.

잠시 후 그녀가 찾아온 택배물은 다브로이드 크기로 포징된 것이어서 우선 안심. 포장지 겉에 붙은 상표와 발송인을 보니 짐작이 갔다. 며칠 전 집에 들렀던 마리아가 말한 여름 철 파자마 한 벌이 배송된 것이다. 함께 엘리베이터를 타고 올라오며 낭군의 근황을 물었더니 고향에 내려가 심어놓은 농작물 관리를 하느라 무더위 속에 땀을 흘리고 있다며 구순을 앞두신 시아버지는 물론 내외분이 건강하신 것을 축복으로 여긴다며 우리 내외의 건강도 빌어주었다.

오래 전에 살던 아파트에서 있었던 기억이 생생하다. 대학병원에 입원 가료 중일 때 이른 아침 병실에 아파트 경비 아저씨가 퇴근길에 문병하러 온 것이다. 아저씨는 얼마 전 다니던 정든 국영기업체에서 구조조정으로 밀려났으나, 다니던 업체에서 아파트에 경비자리를 마련해준 것이다. 바로 그 경비아저씨다. 입주민 나의 병실을 찾아 문병을 왔던 경비 아저씨는 얼마 후 다니던 기업체의 부름을 받고 다시 다니게 되었다. 들리는 말은 그의 성실함과 근면함이 그를 다시 찾게 했다는 것이다.

부처님은 재물이 없어도 베풀 수 있는 일곱 가지를 무재 칠시無財 七施라 하여 다음과 같이 말씀하신다. 첫째는 眼施 – 부드럽고 즐거운 눈길로 남을 대하는 것이다. 둘째는 和眼施 – 부드럽고 즐거운 얼굴로 상대방을 대하는 것이다. 셋째는 言辭施 – 언제나 좋은 말과 부드러운 말씨로 사람을 대하는 것이다. 넷째는 身施 – 언제나 몸을 움직여 일어나 맞이하며 정성껏 대하는 일이다. 다섯째는 心施 – 타인이나 다른 존재에 대해 일희일비하지 않고 넉넉함으로 대하는 일이다. 여섯째는 牀座施 – 언제나 자기 자리를 양보함으로써 베푸는 것이다. 일곱째는 房舍施 – 자신의 집을 타인에게 하룻밤 숙소로 제공하거나 쉴 만한 공간을 내주는 일이다.

법정스님이 한 말씀이 새롭다. "내가 나를 만듭니다. 생각과 말과 행동은 우리 정신에 깊은 자국을 남깁니다. 그것은 마음 밭에 뿌리는 씨앗과 같아서 이 다음에 반드시 그 열매를 거두게 됩니다. 어떤 나를 만들 것인가는 나 자신의 결단에 달려 있습니다."

(2014. 7. 26)

# 봄비 같은 친구의 우정

— 시인 구상과 화가 이중섭 —

시인 구상이 입원해 있을 때 일입니다. 구상은 이중섭이 병문안 오기를 기다렸습니다. 그런데 다른 사람들은 다 다녀갔는데 기다리던 이중섭만 유독 나타나지 않았습니다. 구상은 이중섭을 기다리다 못해 섭섭한 마음이 다 들었습니다. 그러자 늦게서야 이중섭이 구상을 찾아왔습니다.

구상은 섭섭한 마음을 감추고 "왜 이렇게 늦게 왔나? 얼마나 기다렸는지 아냐?"하고 나무랐습니다. "미안하네. 내가 자네한테 빈손으로 올 수가 없어서…." 이중섭이 말끝을 흐리면서 손에 들고 온 것을 구상에게 내밀었습니다.

"이게 뭔가?" "풀어보게. 실은 이것 때문에 이렇게 늦었네. 내 정성일세." 구상은 이중섭이 내민 꾸러미를 풀어보다가 눈이 휘둥그래졌습니다. 그것은 천도복숭아를 그린 그림이었습니다.

"어른들 말씀이 이 복숭아를 먹으면 무병장수한다 하지 않던가. 그러니 자네도 이걸 먹고 어서 일어나게." 구상은 한동안 말을 잊었습니다. "그래, 알았네. 이 복숭아 먹고 빨리 일어날 걸세." 구상은 이중섭의 손을 꼭 잡았습니다. 이중섭의 드로잉 전을 관람을 하고 나오면서 두 사람 사이 우정을 아는 한 시인은 자신에게도 이중섭과 같은 그런 친구가 있는지 다시 생각해 보게 되었답니다.

— 화가 밀레와 철학자 루소 —

'만종'으로 유명한 화가 밀레에게는 특별한 친구 — 『에밀』을 쓴 자연철학자 루소가 있었습니다. 젊은 시절 끼니를 걱정할 만큼 가난했던 밀레는 싸구려 누드를 그려 연명하는 처지였습니다. 그런 자신이 한없이 부끄러웠던 밀레는 굶어 죽을지언정 더 이상 누드그림을 그리지 않고 자신이 원하는 농촌풍경만을 그리기로 굳은 결심을 하게 되었습니다.

그러나 현실은 냉혹했고 배고픔은 가혹하기만 했습니다. 루소는 안타까운 마음으로 밀레를 지켜보기만 할 뿐, 도와주고 싶어도 누구보다도 자존심이 강한 그에게 선뜻 말을 꺼내지도 못했습니다.

하루는 루소가 밝은 표정으로 밀레의 작업실을 찾아갔습니다. "여보게, 드디어 자네 그림을 사겠다는 사람이 나타났네. 그림 값으로 무려 300프랑이나 받았다네." 덕분에 밀레는 생활고를 잊고 창작에 몰두할 수 있었습니다.

그로부터 몇 년이 지난 후, 유명화가가 되어 친구 루소의 집을 찾았던 밀레는 그만 깜짝 놀랐습니다. 루소의 방에는 팔았던 자신의 그림이 걸려있었던 것입니다. 두 사람의 우정을 확인시켜준 그림은 '접목하는 농부'라는 작품이었습니다.

**벗에게 부탁함**

정호승

벗이여

이제 나를 욕하더라도
올 봄에는
저 새 같은 놈
저 나무 같은 놈이라고 욕을 해다오.

봄비가 내리고
먼 산에 진달래가 만발하면

벗이여

이제 나를 욕하더라도
저 꽃 같은 놈
저 봄비 같은 놈이라고 욕을 해다오.
나는 때때로 잎보다 먼저 피어나는
꽃 같은 놈이 되고 싶다.

(2014. 3. 1)

# 손 편지가 떠올린 막걸리 술자리

며칠 전이다. 분당에 사는 고교동창이자 공군동기인 친구로부터 생각하지도 않은 책과 손 편지 한 통이 왔다. 책은 친구가 다니는 교회 30년사의 대표 집필자가 되어 낸 책, 손 편지는 표지 다음 장 안에 별도의 봉투 안에 들어있었다. 편지 표지 주소를 쓴 푸른 잉크 볼펜 글씨에서 각인된 친구의 모습과 체취가 그대로 묻어났다.

친구의 손 편지는 어느 친구나 지인에게서든 오랜만에 받아보는 귀중한 것이다. 편지를 글자 하나 빼지 않고 읽으며 혼자 웃기도 하고 몇 번씩 고맙게 여겼다. 편지가 떠올린 첫 지난 날 아름다운 추억은 공군 동기생으로서 같은 기지에서 근무할 때 퇴근하여 가끔 가졌던 막걸리 집 술자리.

퇴근 버스는 오후 5시면 기지를 한 바퀴 돌아 대전 시내로 향했다. 종점은 대전역 앞. 어느 날은 친구와 한 자리에 우연히 나란히 앉아 퇴근하며 이런저런 이야기를 나누었다. 퇴근 후 별다른 일정이 없는 것을 확인한 두 사람은 더 긴 말 할 필요도 없이 단골처럼 늘 다니던 중동의 신미집이라는 막걸리 집으로 직행, 연탄불화덕을 가운데에 둔 술자리에 앉자마자 다가온 대머리 아저씨에게 먹을거리를 주문했다.

잠시 후 나온 불판에 얹어진 돼지고기를 뒤적여 익는 대로 주전자에 가득 든 막걸리를 한잔씩 따라 건배하며 이야기꽃을 피워가며 취기와 웃음 속에 즐거운 시간을 보냈다. 그 자리 주량은 대체로 막걸리 두 되. 적당히 취기가 오른 두 사람은 입가심이라도 하자며 김유신의 백마처럼 어디로 갈 것이냐고 물어볼 필요도 없이 다니는 맥주홀로 옮겼다. 나가서 노래를 신나게 부르거나 춤을 추는 사람들의 흥겨움을 함께 하고는 어둠이 깔린 시내로 나와 술도 깰 겸 같은 방향에 있는 집을 향해 두 사람은 못 다한 이야기에 노래를 섞어 흥얼거리며 밤하늘 별빛을 즐기며 헤어졌다.

바로 그 친구가 손 편지를 보내온 것이다. 요즘처럼 손 편지를 써서 주고받는 일도 거의 없어진 세상이라 친구의 정과 숨결, 생동한 생체리듬이 실린 한 통의 편지는 너무나 소중해, 마치 잃었던 친구라도 다시 찾은 기쁨을 안겨주는 것이었다. 손 편지를 본 즉시 고맙고 반갑다는 뜻을 담아 나도 손 편지를 써서 발송했다.

(2014. 5. 2)

## 배려와 양보의 향기 '당신 먼저!'

며칠 전 이른 아침이다. 직장 출근, 등교가 거의 다 끝나갈 09시경이다. 아파트 엘리베이터 앞에서 같은 라인 맨 끝 층에 올라간 엘리베이터를 기다리니 잠시 후 내려온 엘리베이터가 서며 문이 열렸다. 안에서는 끝 층에 사는 50대 중반 주부가 얼굴에 미소를 띠며 안녕하세요? 라고 반기는 인사.

가벼운 등산복 차림을 한 주부에게 계룡산에 등산을 가려나 보다며 물었다. 고개를 저은 주부는 강원도 춘천 쪽 즐겨 다니는 산에 간다고 했다. 엘리베이터가 지하 1층에 닿았다. 주부에게 먼저 내리라고 했더니 먼저 내리라며 엘리베이터 문을 열고 문 쪽을 가리키는 손짓. 먼 곳 산행을 하니 먼저 내리라고 했으나 감사하다는 인사를 하고는 우리가 엘리베이터 문을 나올 때까지는 물론 지하 주차장으로 연결되는 현관문을 열고 서서 나올 때까지 기다렸다. 주부는 뛰듯이 달려가 차에 시동을 걸고 출발. 주부가 오가는 산행길이 부디 안전하고 즐거운 하루가 되길 빌었다.

우리가 나올 때까지 엘리베이터 문을 열어 주고, 지하주차장으로 연결되는 현관문도 열어주고, 내릴 때까지 연 문을 잡아주던 주부가 남겨 놓은 따뜻한 손길은 미국 유학중인 그녀의 아들의 손길을 떠올리게 했다.

아들은 몇 년 전 미국 고등학교에 유학을 갔다. 어느 햇가 여름방학 때 집에 다니러 왔다는 아들을 엘리베이터에서 만났었다. 아들은 타고 내리는 엘리베이터 문을 열어 우리가 안전하게 타고 내리기를 기다린 다음 맨 마지막에 타고 내렸었다. 방학동안 엘리베이터에서 만날 때면 언제나 같았다. 아들을 칭찬하는 인사에 부모는 오히려 잘 봐주어 미소 띤 목례를 하였다.

며칠 전 받아 보게 된 '당신 먼저!'(After you!)라는 에세이는 마치 내가 겪었던 주부의 '당신 먼저!'와 그 아들의 'After you!'를 다룬 듯해 몇 번이나 읽으며 읽을 때마다 새로운 맛과 향을 느꼈다.

에세이 필자는 미국에서 공부하고 있는 아들이 방학 때 잠시 들러 보여준 전에 없던 생소한 행동을 보고 신선한 충격을 받았다는 것이다. 충격이란 가족이 아파트를 나서는데 현관문을 열어주고 기다렸다가 맨 뒤에 나오는 것이다. 가족이라 그런가 보다 여겨 한두 번으로 끝나나 싶었는데 어디를 가든 다른 사람을 우선 배려하고 양보하는 모습이 퍽 인상적이었다는 아버지.

아들이 다녀간 이후 출입문을 열고 닫을 때나 엘리베이터를 타고 내릴 때 아들이 보여준 '당신 먼저'를 실천하려 애쓴다는 아버지. '당신 먼저'를 실천하니 상대방을 배려해서 즐겁고 자신의 작은 배려에 상대방이 고마워하는 마음이 느껴져 뿌듯함을 덤으로 얻고 산다는 것이다.

하버드 비즈니스 스쿨에서는 남을 배려하고 양보하는 '당신 먼저'의 현장을 쉽게 목격할 수 있다고 한다. 학교 내 식당에서 빵이나 수프를 그릇에 담을 때, 기숙사 문을 열고 드나들 때, 강의실 자리를 잡을 때, 매점 계산대 앞에서 줄을 설 때, 엘리베이터를 탈 때와 같은 일상에서 '내가 먼저'보다 '당신 먼저'가 생활화되어 있다는 것이다. 이는 어렸을 때부터 타인에 대한 배려와 양보를 중요시하는 학습이 내면화된 결과라는 것이다.

결국 좋은 사회는 내가 먼저가 아니라 '당신 먼저'라는 의식이 보편화된 사회라 한다.

베푸는 삶은 '내가 먼저'가 아니라 '당신 먼저'라는 배려와 양보의 가치관에서 싹이 튼다고 하던가?

(2014. 5)

# 새롭게 들려준 졸업식 노래

얼마 전 이용하는 복지관에 들렀다가 나오는 길에 초등학교 여자동창을 만났다. 정문을 나올 무렵 한 여자가 앞을 가로 막으며 섰다. 쳐다보는 나에게 그녀는 "나 누군지 알겠어?" 이어 "너 박 아무개가 아니냐?"는 것이다. 얼른 알아보고, 이름도 대지 못하는 나에게 그녀는 "지팡이는 또 웬 지팡이냐?"며 눈을 크게 떴다. 더 이상 아무 말도 나누지 못하고 뒤따르는 사람들에 밀려 그냥 스치듯이 헤어졌다.

집에 돌아와 생각해 보니 그녀와의 우연한 만남은 몇 년 전에도 있었다. 대전에 있는 한 치과병원을 찾았을 때다. 예약한 진료순번을 기다리며 진료실 앞 대기실에서 신문을 보고 있는데 이름을 부르는 간호사, "다음은 고객님 차례예요." 진료실 안을 보니 치료를 받은 여 환자가 "원장님 수고하셨어요!"라며 나오다가 진료실 문 앞에 서있는 나를 보자 놀라며 "나 알겠어?" 이어 "너 박 아무개 아니냐?" 뜻밖의 만남에 반가워했던 바로 그녀, 초등학교 여자 동창생이었다.

그녀와의 초등 동창관계는 1946년으로 거슬러 올라가 초등학교 입학으로 맺어졌으니 내년, 2015년이면 70년에 접어드는 인연이 되는 셈이다. 보문산을 뒤에 둔 초등학교는 집에서 학교에 가려면 초가집 동네를 지나야 했다. 모를 낸 논에서는 자라는 모와 함께 개구리들의 울음소리도 커갔다. 오른 쪽에 이런 논을 끼고 좁은 논길 따라 가던 등굣길이 눈앞에 한 폭의 그림처럼 펼쳐졌다.

이 한 폭의 등굣길 그림에는 하굣길에 어쩌다가 앞서 가던 그녀가 뒤따라오는 개구쟁이들의 놀림에 쫓겨 가듯 달려가던 모습이 동영상처럼 흘렀다. 개구쟁이들은 공주로 불리던 예쁜이 그녀와 잘 생겨 왕자로 불리던 친구가 연애를 한다며 어린 나이에도 놀려대기를 즐겨했었다. 그럴 때마다 공주는 발갛게 물든 얼굴에 도망치듯 달려갔었다.

생각이 이에 미치자 보물 같은 초등졸업사진이 보고 싶어졌다. 찾은 졸업사진은 달랑 흑백 한 장. 그 당시 졸업장 사진은 앨범은 생각도 못하고 이렇게 흑백사진 한 장으로 만족해야 했다. 사진 중앙 윗머리에는 교장 선생님 얼굴이 둥그렇게 자리하고 아래에는 담임선생님을 비롯한 선생님들의 그리운 모습과 함께 동창들의 10대 초반의 어린 얼굴들이 하나하나 박혀있었다. 졸업사진을 보자 풍금반주를 탄 졸업식 노래가 들려오기 시작했다.

5학년 대표 여학생의 피 토하는 듯한 눈물겨운 송사, 6학년 대표 남학생의 감동어린 답사에 이어, 졸업식 노래가 울려 퍼지기 시작했던 졸업식 노래 첫 소절은 5학년이 불렀다.

'빛나는 졸업장을 타신 언니께
꽃다발을 한 아름 선사합니다.
물려받은 책으로 공부를 하며
우리는 언니 뒤를 따르렵니다.'

이어진 6학년 언니들의 노래.

'잘 있거라 아우들아 정든 교실아
선생님 저희들은 물러갑니다.
부지런히 배우고 얼른 자라서
새 나라 새 일꾼이 되겠습니다.'

6학년의 노랫소리에는 애절한 눈물의 가락이 섞여 들었고, 드디어 전 학년의 합창.

'앞에서 끌어주고 뒤에서 밀며
우리나라 짊어지고 나갈 우리들
냇물이 바다에서 서로 만나듯
우리들도 이다음에 다시 만나세.'

해외여행 중 따님의 연락을 받고 졸업식에 참석했던 작가 최인호가 '딸아이의 졸업식에서 비로소 초등학교를 졸업하는구나.'고 여겼다며 "졸업식 노랫말은 단순한 노랫말이 아니라 인생철학을 담고 있다는 새로운 사실을 느꼈다."고도 했다.

우연히 만난 초등 여자동창은 졸업식 노랫가락을 다시 새겨들을 수 있는 귀한 선물을 주었다.

(2014. 12. 18)

## 시들지 않는 싱싱한 꽃

요즘은 옥수수철이기도 하다. 계절 구경삼아 농산물 시장엘 갔더니 옥수수 해콩이 무더기 무더기로 쌓여 손님을 부르고 있다. 느타리 콩 두 포대와 옥수수 한 포대를 샀다. 해콩은 느타리 콩과 완두콩 각각 한 포에 찰옥수수 한포. 해콩과 옥수수는 사는 것만으로 군침이 돌게 했다.

저녁에는 통통한 느타리 콩을 잔뜩 넣어 지은 밥이 나오고 푹 쪄낸 옥수수도 함께 나왔다. 콩밥과 옥수수의 구수한 맛을 즐기다 초등학교 시절 교장 선생님 따님이 쪄 내주며 실컷 먹으라던 옥수수, 그 맛이 세월을 뛰어 넘어 입안을 가득 채웠다.

옥수수 이야기는 1950년대 초 다니던 초등학교시절로 넝쿨을 벋어 올라갔다. 같은 동네에 살던 초등학교 교장 선생님 집과 우리 집은 동네 가운데를 흐르는 미 복개 하천을 사이에 두고 200m 쯤 떨어져 있었다. 교장 선생님은 예쁜 두 따님과 외아들을 두고 계셨다. 그 외아들은 나와 같은 학년에 다니는 친구 사이.

어느 날 중학교에 다니는 바로 위 형님이 조용히 불렀다. 그리고는 난데 없이 교장 선생님의 둘째 따님에 대해 예쁘지 않느냐고 물으며 그렇다고 답해주길 바라는 것 같아 그런 생각은 해본 적도 없으면서 얼른 그렇다며 형을 쳐다봤다. 순간 형은 얼굴에 웃음꽃과 함께 내 손을 들어 올리며 함께 박수까지. 형님은 잠시 후 내가 편지를 써 줄 테니 네 친구 누나에게 편지를 좀 전해달라는 것이 아닌가? 그리고는 편지를 전해주면 눈깔사탕을 주겠다는 선약까지 하였다.

며칠 후 학교에서 돌아온 나는 형이 써준 편지를 가지고 두근거리는 가슴을 달래며 교장 선생님 댁 큰 대문을 열고 안으로 들어섰다. 울 안 텃밭에는 수염을 늘어뜨린 옥수수들이 즐비하게 서 있었고 풍금 소리가 들려나오고 있어 소리 나는 쪽으로 가만 가만 다가서서 풍금을 치고 있는 사람이 바로 형님이 편지를 전하라는 교장 선생님 둘째 따님임을 확인하였다.

나를 본 따님은 네가 웬 일이냐고 반기며 다가왔다. 머뭇거리던 나는 절대로 펴보지 말고 전하라던 그 편지를 따님에게 주었다. 편지를 받아 든 따님은 순간 편지를 등 뒤로 숨기더니 일단 방으로 들어오라는 것이다. 따님은 내 이름을 부르며 옥수수 좋아하느냐고 묻고는 옥수수를 쪄줄 테니 익는 동안 잘 부르는 노래 몇 곡에 풍금반주를 해주어 신나게 부른 기억이 생생하다. 얼마쯤 지났을까? 따님은 잘 익은 옥수수를 가져와 실컷 먹으라며 옆에서 풍금을 계속 쳐주었다. 그 날 따님이 답하는 편지를 주었는지 무슨 말을 했는지는 아무 기억이 없고 편지를 전하고 왔다는 나에게 형은 약속한 눈깔사탕을 주었다.

이런 일이 있은 뒤 얼마 지나 친구인 교장 선생님 아들을 찾아가 동네를 관통해 흐르는 또랑 위 다리 위에서 놀다 그만 아들을 밀어 물에 빠지게 한 일이 있다. 다음 날 등교했더니 담임은 교장 선생님 아들과 나를 교장실로 데려가는 것이 아닌가? 다리 위에서 민 죄는 있어 잔뜩 겁을 먹고 담임 따라 교장실에 들어섰다. 의자에 앉아 계시던 교장 선생님은 일어나시며 두 손을 벌이시고는 내 이름을 부르시며 내 머리를 두 손으로 쓰다듬으시고는 우리 아들과 사이좋게 잘 지내라며 주름진 얼굴에 미소만 지으셨다. 문까지 열어주시며 등을 쓰다듬어 주시던 교장 선생님의 손길이 잊히질 않는다.

해방이 된 다음해에 초등학교에 입학하였다. 4, 5학년 때로 기억되는 일이 있다. 오전 수업이 끝나고 점심시간이 되었다. 담임선생님이 교무실로 데려갔다. 담임은 "점심은 집에 가서 하고 오지?"하며 심부름 하나 좀 해달라는 것이다. 심부름이란 대전 여중과 사리원 사이 골목 안쪽 왼쪽에 있는 나무 대문 집 아무개 집 따님에게 편지를 전해달라는 것이다. 학교에서 집으로 가는 길에 먼저 그 집을 찾아 대문을 두드렸다. 신발을 끌고 나오는 소리, 대문을 열고 선 눈앞 여자는 아무개 선생님이 준 편지를 가져왔느냐고 묻고는 점심을 하고 돌아갈 때, 자기한테 들러서 편지를 꼭 가져가라며 안으로 달리듯이 들어갔다.

이 날 점심을 먹었는지 먹지 않았는지는 기억이 없다. 점심시간이 끝나기 전에 교무실로 담임을 찾았다. 기다렸다는 듯이 자리에서 뛰어 나와 나를 반기며 받아온 편지를 가슴에 품은 담임은 오늘 수고 참 많았다며 검은 턱수염에 웃음꽃을 활짝 피워 주었다. 담임은 얼마 후 편지를 전했던 여인과 결혼, 서울에서 백년해로를 즐기고 계시다는 후문이다.

또 하나 잊을 수 없는 두 초등학교 은사님은 6.25 피난길에 구미역 공장에서 붉은 글씨 '멸공! 필승!' 이마 띠를 두른 5학년 담임선생님을 우연히 만나 뵙고 일선으로 향하던 담임선생님이 흔들어준 손길이 마지막 손길이 되어 잊을 수가 없는 것이다. 담임은 시간이 날 때마다 글씨 바르게 쓴 지도를 해주셨던 달필의 선생님이셨기에 더욱 잊을 수가 없는 것이다.

초등학교 시절 담임선생님 중에 틈만 나면 풍금 치는 지도를 해주시던 총각 선생님은 자모회에서 어머님을 뵈면 이모님 이모님이라 부르며 따랐다하여 총각선생님을 잊지 못하셨다는 어머님을 생각하며, 어머님 대신 마리아와 함께 국립대전현충원으로 호국영령 해병대 대령 은사님을 찾아뵙고 영원한 안식과 명복을 빌어드린다.

초등학교 시절 만났던 교장 선생님을 비롯한 몇몇 담임선생님이 베풀어주셨던 사랑은 시들지 않는 꽃으로 오늘도 가슴에 싱싱하게 피어 있다.

(2014. 7. 30)

# 장애우를 더 슬프게 하는 '대접'

아프리카에서 24년 간 활동해온 이미 널리 알려진 134 센티미터의 장애우 국제사회복지사 김 해영 씨가 겪은 장애우를 보다 더 슬프게 한 '대접'들이다.

귀국하기 얼마 전 케냐에서 열린 한 컨퍼런스에 참가했던 그녀가 졸지에 '몸치' 취급을 당해 슬퍼했던 일이다. 춤을 가르쳐주던 젊은 무용수 눈에는 그녀가 구제불능의 몸치로 보였나 보다. 무용수는 그녀를 유치원생 취급을 하며 춤을 가르쳤다.

"오른 손을 올리고, 다시 내리고."

"왼손을 올리고, 다시 내리고."

"두 손을 가슴으로 모으고."

"네, 참 잘 따라 하네."

그러나 그 율동은 지체장애인 그녀도 쉽게 할 수 있는 것이다. 그녀는 몇 번씩이나 대놓고 '혼자도 잘 할 수 있다'고 말하고 싶었지만 말은 못하고 '사소한 무례 때문'에 잊고 살았던 자신의 남다름을 알게 되는 값진 계기로 삼았다는 것이다.

그녀가 수년 전 인천공항에 내려서 출입국 신고서를 작성할 때 겪은 일이다. 갑자기 누군가가 그녀 옆에 오더니 한마디 말도 없이 펜을 빼앗아 갔다. "주세요. 작성해 드리겠습니다." 당황해서 올려다보았더니 공항의 남자 직원. 아마도 키가 작고 몸이 불편해 보이는 여자가 카운터에 매달려 무엇인가를 쓰는 모습에 도와야겠다고 생각했나보다. "제가 도와달라고 했나요?" 되묻자 그제야 그는 자신의 실수를 깨닫고 진심으로 사과했다. 그래도 이러한 사소한 무례함은 나은 편이다.

미국에서 공부를 마치고 귀국한 지 얼마 안 됐을 때 은행의 외환창구에서 겪었던 일. 부탄에서 하는 어떤 프로젝트 때문에 외화송금을 해야 할 일이 있어 가까운 은행의 외환창구를 찾아갔더니 은행원의 첫 마디 "왜 왔어요?"였다. 잘못 들어온 것 아니냐며 나가라고 하듯이 쌀쌀하게 맞았다. 그 흔한 "어서 오세요."도 아니고 "무엇을 도와드릴까요?"도 아닌.

어이가 없었지만 "송금 좀 하려고 하는데요. 부탄에." 그러자 그녀는 쳐다보지도 않은 채 들릴 듯 말 듯한 목소리로 "거긴 송금이 안 돼요."라며 세상 물정을 모르는 한 탈북녀로 취급. 이에 "지난주에 이 은행에서 송금했는데 무슨 말이냐?"는 식으로 물었더니 "거기는 정말 송금이 안 된다니까요!"라며 짜증이 실린 목소리. 나중에 북한이 아닌 부탄이라는 것을 알고 나서야 그녀는 태도를 바꾸고 '고객'으로 대했다. 그러나 끝내 고객이라 부르지도, 미안하다는 말 한 마디 하지 않더라는 것이다.

이러한 일을 겪으며 몸이 불편한 것보다 더한 그 무엇, 마음의 불편을 느끼게 되었다는 그녀는 이렇게 마음을 정리했다는 것이다. 요즘에는 그런 상황에 닥치면 자동반사적으로 이런 생각을 하기로 했다는 것이다. '이 사람은 이렇게도 생각하는구나. 재미있네. 여기서 나는 무엇을 배울까?'

그녀는 어쩌면, 우리는 세상에서 제일 쉬운 일을 가장 어려워하는지도 모른다며 '사람을 사람으로 대하는 것. 그러면 충분하다!'고 주문하는 것이다.

* 김해영 : 태어난 지 3일 만에 가내 폭력으로 지체장애. 134cm에서 멈춘 키. 초졸 학력. 가난한 집안의 소녀가장. 3만원의 남의집살이. 불로 지지는 듯한 허리통증. 이렇듯 삶 자체가 기적적인 사람이다. 미국 명문대에 단신으로 유학 석사학위 취득. 도움을 주려고 간 아프리카에서 오히려 더 큰 위로와 치유 배움을 얻으며, 축복과 행운 속에 국제사회복지사로서 살아가고 있다는 그녀.

(2014. 5.8)

# 어머니의 한과 딸

새봄이 오며 새 학년 새 학기가 시작되던 지난 3월 4일 뜻 깊은 신입 1학년생 입학식이 있었다. 입학식은 경남 하동군 고전면 고전초등학교에서 열렸다. 식장에는 예쁜 개량 한복을 곱게 차려입은 모두 7명의 입학생 할머니들이 얌전하게 앉아 있었다. 손자나 증손자뻘 되는 선배 앞에서 1학년이 된 할머니들은 조금은 쑥스러운 듯하면서도 희망에 찬 밝은 모습들이었다.

입학식이 열리기까지에는 6.25 이후 계속된 어려운 어린 시절 초등학교 문턱도 밟지 못하여 한을 품고 평생을 살아온 어머니(60)와 어머니의 한을 안타깝게 여겨 풀어드리고자 발 벗고 나선 한 따님(43)의 노력이 숨어있다. 따님은 올해 들어서며 동네 초등학교를 찾아 상담을 했다. 학교에서는 올해는 입학생이 없어 혼자 다니시기가 어려울 거라며 내년에 다른 어르신들과 함께 입학하는 것이 어떻겠느냐는 대답이 돌아왔다.

그러나 따님은 이에 단념하지 않고 동네 어르신들 6명을 설득하여 어머니와 함께 마침내 뜻한 어머니의 입학을 보게 되었다. 무엇보다 다행인 것은 초등학교 입학 자격에 연령제한이 없다는 것이었다.

이렇게 해서 선배 재학생 27명의 축하를 받으며 바라고 바라며, 평생을 살아온 초등학교 입학을 하게 되었다. 1학년에 입학할 어린이가 한 명도 없어 1학년 교실을 비워둬야만 했던 교실을 7명의 할머니들이 면하게 해주었으니 학교로서는 얼마나 다행스런 일인가. 고전면장학회에서는 1학년할머니에게 10만원씩 장학금까지 주며 입학을 축하해주었으니 동네의 경사가 아니고 무엇이겠는가?

이제 입학한 지도 두 달이 더 지났으니 할머니들의 학교생활도 어느 정도 익숙해졌을 것이다. 딸 같은 담임선생님 앞에서 학생노릇하면서 손자뻘 되는 선배들 앞에서 1학년으로서의 도리를 지키기가 쉽지 않았을 경우가 많았겠지만 잘 이겨내시라고 믿으며 격려의 박수를 보내드리고 싶다.

담임선생님 역시 할머니를 가르치기가 쉽지는 않을지라도 그분들의 한을 풀어줄 수 있다는 남다른 보람으로 수업에 임한다면 얼마나 자랑스러운 교직경험이 될 것인가?

최고령(79) 할머니는 '배움의 길을 열어준 학교에 감사'하고 "초등학교 모든 과정을 꼭 마치겠다."고 다짐했으며, 다른 할머니는 '늦게나마 배움의 길이 열린 만큼 열심히 공부하여 중학교에도 반드시 진학할 생각'이라고 단단한 각오를 보였다.

할머니들이 다니시는 고전초등학교는 1929년 9월 1일에 문을 열어 그간 84회에 걸쳐 무려 3,880여 명의 졸업생을 사회각계에 배출해 낸 자랑스러운 전통을 가꾸어 온 할머님들의 모교가 됨을 결코 잊지 말아야겠다.

"고전초등학교 1학년 할머님들 파이팅!"
"할머님들 자랑스럽습니다!"

(2013. 5. 17)

# 이웃의 관심

지난 27일 저녁 예약됐던 서울의 한 종합병원 진료를 마치고 고속도로로 내려오던 차 안에서 아내가 한 통의 전화를 받았다. 전화를 준 사람은 같은 아파트 단지에 살고 있는 동창의 부인. 부인은 아파트 지하 주차장에 세워둔 내 차가 보이지 않아 궁금해서 우리 집 전화로 몇 번씩 전화를 했으나 전화를 받지 않아 무슨 일이 있나 궁금해 핸드폰을 했다는 것이다.

병원진료 결과에 대해 궁금해 하는 부인에게 간단하게 설명하고 기회가 닿으면 자세히 설명하겠다며 주차장에서 차를 볼 수 없어 전화했다는 관심에 고맙다고 했다. 다음 날 저녁 내외는 우리 집엘 왔다. 진료를 한 병원 신경외과의 경동맥 협착 검사결과에 대한 소견과 소견을 바탕으로 한 혈관외과 주치의의 소견을 설명했다.

현재까지 드러난 경동맥 협착증에 대한 약물 치료는 더 생각할 수 없으며 인공혈관을 삽입하는 시술도 어려울 뿐이라며 혈관절제를 해 노폐물을 제거해 내는 수술밖에 없다고 전제했다. 그러나 수술에는 제2의 중풍이 따라올 수 있는 큰 위험이 있으니, 환자와 가족의 뜻에 따라 수술을 할 수 있다며 가족들의 뜻을 선결 요건으로 내세웠다는 설명을 덧붙이며, 의견을 모으는 일이 쉽지 않다고 어려움을 털어놓았다.

설명을 들은 내외는 무척 어려운 일이겠다며 개인 생각이라며 조심스레 의견을 내놓았다. "수술에 따른 위험이 그렇게 크다면 수술을 하지 않는 게 좋겠다."며 "환자는 추후 몸의 이상을 바로 바로 부인에게 알리고 상의해 응급하는 게 좋겠다."며 "우선 두 분은 마음의 평정을 유지하는데 힘쓰고 스트레스에 쌓이지 않도록 일상 삶도 유지하면서 투병했으면 한다."고 덧붙였다.

내외가 돌아간 후 서울에 사는 아내의 친구로부터 전화, "병원진료 결과는 어떻게 되었느냐? 혹시 입원이라도 했느냐? 수술을 하기로 했느냐?"며 궁금하다는 것이다. 통화를 통해 사정을 들은 아내 친구는 몇 년 전 입원 치료 중 뜻밖에 사별한 남편 예를 들면서 '자기는 수술을 하지 않는 것이 좋겠다.'며 조심스레 의견을 주었다.

다음 날 20여년 뇌졸중 발병으로부터 단골로 찾아다니며 진료를 받아온 신경외과 전문의를 찾아 경동맥 검사결과와 주치의의 소견과 수술 여부는 환자가족들의 의견에 따르겠다는 뜻을 전하고 어떻게 하면 좋겠느냐고 도움말을 청했다. 한마디로 '자기는 부모라도 수술하지 않겠다.'며 '처방약 잘 드시며 열심히 투병하시는 게 좋겠다.'는 것이다.

신경과에 가는 길 단골 LPG충전소에 들렀다. 내차에 대한 가스충전 전담자처럼 충전소에 들어가면 기다리기라도 했던 것처럼 달려와 충전을 해주는 젊은 주부가 "할머니는 어디 가셨어요?"라며 빈자리를 보더니 "혹시 편찮으시어 병원에라도 가셨느냐?"며 걱정스런 관심.

이번 병원진료를 다녀오며 이웃한 사람들의 따뜻한 관심을 만났다. 그간 나는 이웃에 과연 어떤 관심을 가지고 살아왔는지 되돌아볼 수 있는 값진 계기가 되었다는 생각이 들게 되었다. 지난 30일 고교 동창 카페와 공군 동기 카페에 글을 올렸고 그 후 올라온 댓글 중 몇 개 소개한다.

* 우선 고교 동기가 올려준 댓글 : '돌아가신 우리 어머님께서도 60세 초반에 뇌출혈로 쓰러지셔서 아직도 뇌혈관에 남아있는 꽈리를 미리 절제하는 수술이 필요하다고 권했지만 지인과 경험자들이 모두 연만한 연세에 수술을 하지 않는 것이 좋겠다고 하여 수술을 하지 않고 퇴원, 약물치료로 그 후 86세까지 수를 누리시고 돌아가셨다.'며 '친구와 따뜻한 지인, 이웃들의 충고와 조언을 따랐으면 하는 마음일세. 힘내라! 이 또한 지나가리니.'

다음은 공군 동기가 준 글 : '어느 길이 가장 좋을지 힘든 결정을 해야 할지. 이런 때는 하느님께 맡기는 신앙인의 마음가짐을…!'

(2015. 1. 31)

# 제가 서비스하고 싶어요

지인이 사고를 당해 자주 찾던 대학병원에 오갈 때 보고 가슴에 와 닿았던 글이다. 병원 1층에서 지인이 입원하고 있는 6층 병실에 올라가려면 엘리베이터를 타야 한다. 엘리베이터를 타고 나면 4 벽면에 붙어있는 여러 가지 글들이 눈길을 끈다. 그 중에 하나가 어느 풀빵집 빵값 이야기다. 3개가 든 한 봉지는 1,000원인데, 빵 하나는 300원이라는 것이다.

점심때면 이 빵집을 거의 매일 이용하다시피 한다는 동네 고객이 하루는 빵집 주인에게 물었다.

"어째서 3개는 1,000원이고, 1개에는 300원입니까?"

중년을 넘긴 주인은 설명에 앞서 빙긋이 웃으며 고객을 쳐다보며 '당연히 그렇게 느낄 것'이라 했다.

"고객님은 3개가 든 것을 사 드실 수 있지만 1개만 사 먹는 고객은 3개가 든 한 봉지를 살 형편이 되지 못하는 것 같아서 그렇게 받습니다."

이 설명에 고객은 '그런 깊은 뜻이 있었군요.'라며 잘 알았다는 따뜻한 웃음을 주인에게 보냈다.

입원가료중인 교통사고 피해자 — 지인은 병원에서는 퇴원하길 권한다며 큰 걱정을 털어 놓았다. 교통사고 환자에 대한 보험치료는 진단에 따른 입원치료기간이 다 되어가기에 만기 전에 퇴원을 해야 한다는 것이다. 그렇지 않으면 만기 후부터는 일반 환자로 진료비가 계산된다는 것이다. 간병인의 도움이 없이는 병상에서 일어나는 일에서부터 화장실 다니기, 병원 프로그램에 따른 여러 재활 치료를 받으러 2층 3층 오르내리며 치료받기가 무척 어려운 환자 상태.

환자의 사정을 너무나 잘 아는 주치담당 교수에게 호소, 선처를 부탁해 보았으나 "도와주고 싶어도 혼자서는 어쩔 수가 없는 현실이 안타깝다."며 오히려 환자와 가족의 이해를 구했다. 이에 퇴원을 권유받은 그 주일 주말에 퇴원하기로 결정하고 주치의가 권하는 다른 재활전문병원 입원과 통원재활치료의 가능성과 여건을 여러 병원에 타진해 알아보기로 했다.

퇴원에 앞서, 퇴원한 후 집에서 요양하고 운동하며 통원치료를 다닐 때 필요한 복지용구 몇 가지를 장기요양보험에서 지정한 한 복지사업자 측에 타진, 준비했다. 먼저 성인용 보행기, (4발)지팡이, 수동휠체어, 침대, 화장실과 침대 기상용 기둥과 안전손잡이 등이다. 수동휠체어와 침대, 휠체어는 우선 1년 간 임대했다.

지난 22일 오후 복지사업자가 주문해서 가져와 설치하기로 약속한 침대 옆 자리의 기둥과 그 기둥에 안전손잡이를 설치했다. 안전손잡이 기둥공급가는 309,300원, 요양보험 환자 자기 부담금은 46,000여 원이라는 사업주(여)의 설명. 설치하느라 수고했다며 환자부담금을 주려 할 때다. 대표는 "그러지 않아도 어려우실 텐데 오늘 설치한 기둥과 안전손잡이 환자 부담금은 제가 서비스하고 싶어요!"라며 "빨리 쾌유하시기만 바라요."라며 미소까지 선물하고 서둘러 갔다.

그녀가 돌아간 후 TV뉴스에서는 '오늘 밤부터 중부지방에 국지성 호우가 내리고 나면, 처서인 내일부터는 폭염이 고개를 다소 숙이게 될 것'이라며 듣기만 해도 시원한 소식이다.

풀빵집 주인의 마음과 복지용구사업자의 마음은 시원하게 통하는 한 통로인가보다.

(2013. 8. 31)

## 신이 내려준다는 만개한 꽃밭

26일 새벽 지난 밤 소식이 궁금해 평소보다 빨리 컴퓨터를 열었다. 놀라게 한 소식은 좋아하던 최인호 작가가 전날 오후에 선종했다는 부음. 순간 망연자실, 한동안 멍하니 앉았다가 작가의 '산중일기'가 놓여있는 방으로 갔다. 작가의 체온이 아직 남아있을 것만 같아 서둘러 차례를 열어보았다.

1부 '일상에 관하여' 쓴 글 중에 '나는 〈가족〉안에서 풍요로웠고〈가족〉안에서 스승과 부처님을 만났다'는 에세이가 세 번 씩 읽게 했던 감홍을 다시 불러일으켰다. 이 에세이는 작가가 '샘터'사로부터 매달 한편의 콩트식의 연작소설의 연재제의를 수락, '가족'이란 하나의 주제를 가지고 쓴 것이다.

1975년 9월 가족을 연재하기 시작했을 때 작가는 스물아홉 살이었고 두 살 난 아들 도단이와 네 살 난 딸 다혜를 두고 있었다. 작가 자신은 "젊은 나이에 철부지 남편이자 아버지였지만 가족이야말로 신이 내려주신 만발한 꽃밭이라고 굳게 믿고 있었다."고 가족을 주제로 한 연작 소설을 연재하게 됨을 자랑스럽게 여겼다.

그는 '가족이야말로 소재가 고갈되지 않을 수 있는 최고의 소재'로 여겼다. 그는 '내가 쓴 작품 중 〈가족〉만큼 광범위하게 독자들의 사랑을 받았던 작품은 없었을 것'이라 자랑스럽게도 여겼다.

'샘터'에 〈가족〉이 100회 연재되었을 무렵 처음으로 단행본으로 출판되어 10만부 가까이 팔려나갔다. 그 당시 10만부는 슈퍼베스트셀러. 이 때 나온 책을 선전하는 광고에 다음과 같은 문구가 있었던 것으로 기억했던 작가.

'아빠, 아내, 다혜, 도단이, 이들 네 가족이 어우러져 가꾼 생활의 꽃밭에 싱싱하게 피어난 100 개의 꽃 이야기. 평범한 사람들의 평범한 일상생활을 아름다운 컬러 앨범으로 장식하게 해 주는 마법의 掌篇小說'.

〈가족〉이 베스트셀러가 되자 공영방송 KBS에서는 1년 동안 연속극으로 방영하기도 했다. 어른들의 이야기가 중심이었으므로 방송을 시청할 때마다 두 애들은 "아빠, 우리는 도대체 언제 나오느냐?"고 불평도 했단다.

작가가 연재를 시작할 때부터 일어나리라고 예상한 대로 연재 도중 1987년에는 작가의 어머니가 돌아가시고, 셋째 누이와 집 맏이인 첫째 누이가 이어 돌아가셨다. "네 살 난 다혜도 시집을 가고, 어느 날은 내가 손자를 봐 할아버지가 될지도 모른다. 어쩌면 〈가족〉을 연재하다가 내 자신이 죽을지도 모른다."고 했던 작가. 그러나 그런 생각은 막연한 상상이었는데 실제로 일어나게 되는 것을 보면 나는 〈가족〉을 연재하면서 살아가고 늙어가고 인생을 배워 나가고 있는지 모른다.

"나는 가족이라는 소설을 통해 그때그때의 조각난 생활을 맞춰 가면서 서서히 드러나는 인생의 실체를 깨닫게 되는 퍼즐게임을 하고 있는지도 모른다… 그런 의미에서 출간된 〈가족〉은, 300회나 연재된 가족은 여전히 미완성이며 아무도 그 연재 횟수가 언제까지 갈 것인가는 예측할 수 없을 것이다. 다만 하느님만이 그 연재가 언제 끝나리라는 것을 아실 수 있을 것이다. 책의 연재가 끝난다고 어찌 내게서 가족의 이야기가 사라질 수 있겠는가."라고 밝혔다.

언젠가 한번은 300회 기념자축연에서 아들 도단이 녀석이 이렇게 시건방을 떨었다며 털어놓은 작가. "제가 올해 스물일곱 살이 되었습니다. 저와 아버지는 거의 친구처럼 지냅니다. 아무래도 그러니까 아버지는 정신연령이 좀 낮은 듯하고요, 어떤 면에서는 저보다 더 어립니다. 그래서 저는 가끔 이런 생각을 합니다. 이 사람을 어떻게 잘 돌봐 줘야 할 텐데…."

이에 아버지 — 작가는 "시건방진 도단이의 말 그대로 나는 집에서 가장 유치하고 정신연령이 낮은 저능아다. 그런 의미에서 아내와 아이들은 여전히 내 스승이자 부처님이다. 어쩐지 나는 그것이 하나도 부끄럽지 않다."고 말하였다.

이 얼마나 작가의 꾸밈없음을 잘 드러낸 일면인가? 우리 곁을 떠나 하늘나라여행에 들어간 슈퍼베스트셀러 〈가족〉의 작가가 먼저 선종한 가족들도 만나 '신이 내려주신다는 가족 만개한 꽃밭'을 거닐며 영원한 안식과 명복이 함께 하길 비는 마음 간절하다.

(2013. 9. 28)

# 새어머니와 재결합 시켜준 큰아들

어머니와 사별하고 2년여 동안 홀로 살아오던 아버지가 큰아들에게 혼자 살기 힘드니 새어머니를 맞겠다는 뜻을 밝혔다. 큰아들도 아버지의 뜻대로 하는 것이 좋겠다고 여겨 적절한 새어머니를 찾아보았으나 선뜻 온다는 사람을 찾을 수 없었다.

그러던 어느 날 아버지는 알음알음으로 소개받은 새어머니를 집으로 모셔왔다. 아버지에게 매달 생활비를 보내온 아들은 혼자 쓰기에도 부족할 텐데 두 분이 살림하기에는 더욱 쪼들릴 것이라는 생각과 걱정이 들었다. 그러나 큰 아들은 새어머니와는 비록 나이 차는 얼마 나지 않지만 아버지와 함께 사는 그 분을 어머니로 불렀다. 이에 형제들은 비위도 참 좋다며 놀리기도 했다.

새어머니 덕분에 아버지가 좀 편하게 지내신 지 1년쯤 됐을 때다. 고향 마을에서 종전에는 없던 이상한 일이 가끔 생긴다는 소문이 큰아들 귀에 들어왔다. 마을에 널어둔 곡식이나 고추가 없어지더니 강아지도 없어졌다며 수군수군했다. 백년 이상 살아온 집성촌에서 이런 일은 한 번도 없었던 일이란다.

주민 대표들이 원인을 밝히기로 하고 유심히 마을 구석구석을 관찰했다. 그들에게 새어머니의 사소한 잘못이 눈에 띄었다. 이에 마을 어른들은 그동안 일어났던 불미스러웠던 모든 일들도 새어머니가 한 것으로 추정했다. 이를 토대로 집성촌 마을회의 끝에 새어머니를 배척한다는 결정이 내려졌다.

안타깝게도 새어머니는 떠나셨고, 아버지는 하루아침에 다시 홀아비가 되셨다. 혼자 여섯 달을 버티던 아버지가 큰아들을 어느 날 불러 혼자서는 도저히 못 살겠다고 하소연하듯이 털어놓았다.

"네 엄마가 온갖 밑바닥 장사는 다 하면서 거친 인생을 살아왔더라. 그러니 왜 욕심이 생기지 않았겠느냐? 그래도 집안 청소 깨끗이 하고 그간 내 밥은 잘 챙겨줬단다. 다시 데려오면 어떻겠느냐? 어르신들이 네 말은 귀 여겨 들으니 어떻게 방법 좀 찾아봐라."

큰 아들은 생각 끝에 이런 저런 준비를 해 가지고 고향마을을 찾아갔다. 한곳에 모은 어르신들의 건강검진부터 해드렸다. 양주까지 맛보시며 거나해진 어르신들은 '큰아들이 최고!'라며 칭찬을 아끼지 않았다. 아들은 수건, 비누, 치약 같은 준비해 간 선물도 나눠드렸다. 아들은 아버지를 잠시 자리에서 피하게 하고 본론을 꺼냈다.

"오늘 제가 여러 어르신에게 어려운 청을 하나 드리게 되었음을 먼저 용서해주십시오. 새어머니가 저희 집을 떠난 지 여섯 달이 되었습니다. 아버지가 혼자 계시니 고향에 올 때마다 집 안팎 곳곳이 도저히 못 볼 정도로 엉망입니다. 고민 고민하다 아버지께 여쭸습니다. 제가 어르신들에게 부탁드려 보겠으니 싫지 않으시면 아무 말 마십시오. 새어머니를 다시 모셔오면 어떨까요? 아무 대꾸 없으신 걸 보니 아버지도 원하시는 것 같습니다. 어르신들, 앞으로 동네에서 도난사건이 일어나면 모든 책임을 제가 지겠습니다. 저를 보시고 한번만 용서해 주십시오."

장내에 한동안 침묵이 흐른 잠시 후 가장 영향력이 있는 어르신이 말씀하셨다.

"아무개 박사(큰아들)가 이리도 간청하니 어쩔 수가 없구먼."

이에 다른 분들도 동조했다.

""그래, 그래, 아들 효성이 지극하니 한번 봐 주세."

"다시는 그런 일이 있으면 안 돼! 알았지?"

곡절 끝에 아버지는 다시 홀아비 신세를 면하셨다. 돌아오신 어머니께도 다시는 오해 살 일이 없도록 조심스레 행동하시기 바라는 말씀을 드렸다. 대신 매달 생활비를 조금씩 더 보내드리겠다고 말씀드렸다.

이후 어머니에게 신경을 더 많이 써드리고, 어머니라고 불러드렸다. 막냇동생 부부도 잘 해드리기 시작했다. 생활이 안정되어 가자 아버지는 어머니를 정식부인으로 맞이하고 혼인신고도 하셨다.

두 분이 오순도순 평화롭게 지내셨을 무렵 어머니가 심장병을 얻으셨다. 약물치료로는 별 효과를 보지 못해 심장판막 교체수술을 했다. 그 후 판막을 꿰맨 실이 터져 즉시 제2차 수술. 2년이 지나 한 번 더 세 번째 수술을 권유받게 되어 입원을 계속하며 치료를 했다. 세 번째 수술을 놓고 집안 식구들이 의견을 모으는 중에 얼마 후 퇴원을 해도 된다는 주치의의 판정이 났다. 큰아들은 집으로 모시고자 했으나 어머니는 거부하셨다.

"바로 시골집으로 데려다 달라."

어머니를 집 안방에 모시고 병원에서 얻어간 반찬과 된장국으로 차린 조촐한 밥상에 마주 앉은 두 사람은 진솔한 이야기를 나눴다.

"아들, 참 고생 많았어. 고마워. 여태껏 밑바닥 인생을 살면서 아무개 가문에 들어와서야 한 번도 받아 본 적이 없는 사람다운 대접을 받다니….'

이 때 어머니는 눈물 반 웃음 반이 되셨다.

귀가 요양을 하며 병원을 오가며 통원치료를 받아오던 어느 날, 어머니가 아들 손을 잡고는 쳐다보았다. 그리고 유언처럼 말씀하셨다.

"나 죽으면 절대로 고향산소에 묻을 생각일랑 아예 하지 말고 수의도 입히지 말고 준비해 놓은 한복을 그냥 입혀 화장해서 화장터 뒷산 나무 밑에 뿌려 달라. 통장과 인감도장은 일러준 곳에 있으니 아들이 알아서 처리하라."

"무슨 그런 말씀을 다 하세요. 건강을 회복해서 더 오래 오래 사셔야죠!"

어머니가 고향으로 내려가신 지 얼마 후 큰아들에게 부음이 전해졌다.

* 큰아들은 국립대학병원장을 했던 의료인이고 새엄마와 큰아들의 이야기는 실화.

(2013. 12. 14)

# 연애할 때 선물한 핸드백

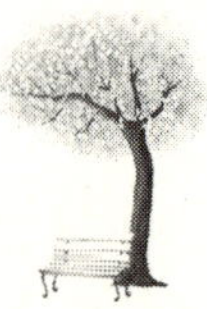

지난 3월 8일은 고교와 직장후배였던 동료와 설을 지내고 을미년을 맞아 처음으로 점심을 하기로 약속한 날이다. 약속한 시간에 집으로 오기로 한 후배를 기다리며 휴일 정오뉴스를 시청하고 있을 때다. 함께 뉴스를 시청하고 있던 마리아가 '당신도 외출할 준비를 해야지'라며 방안으로 들어갔다.

얼마 후 외출 차림을 한 마리아가 눈에 익었던 베이지색 핸드백을 가볍게 흔들며 '당신, 이 핸드백 기억이 나 ?'라며 응접실로 나왔다. 핸드백을 보는 순간 그리던 구면의 친구라도 만나는 묘한 기분이 들었다. 그 전에 늘 가지고 다니던 핸드백이 아니냐는 반문에 '맞아'라며 자기가 이 핸드백을 가지게 된 일을 기억하느냐고 또 물었다.

가물거리는 기억을 더듬어 '그 핸드백은 우리 연애 시절, 그러니까 지금으로부터 40여 년 전에 내가 사준 것이 아니냐?'며 확인을 부탁이라도 하듯이 쳐다보았다. 마리아는 '그래 맞아요! 우리가 연애할 때 당신이 나를 데리고 양키시장에 가서 기념으로 처음 사준 바로 그 핸드백이야!'

라며 내가 잊지 않고 있다는 사실에 더욱 놀라며 무척이나 기뻐했다.

내 손에 넘겨준 핸드백은 타조가죽으로 만든 것으로 그 당시에는 악어핸드백과 쌍벽을 이루던 백의 하나였던 것으로 기억한다. 핸드백 끈을 잡고 입맞춤을 하고 높이 들어 흔들고 요리조리 훑어보니 핸드백은 때만 조금 끼었다고 느껴질 뿐 손때가 곱게 배어 오히려 체취가 묻어나는 듯 더 친근하게 여겨졌다. 백안에서는 또 생각하지도 않은 대전 선화동 내 현직시절 직장의 주소와 전화번호가 뚜렷하게 박혀 있는 명함 한 장이 조금도 망가지지 않은 채 나와 귀중한 보물처럼 보였다.

핸드백을 샀던 양키시장이나 젊음을 바쳐 다니던 명함 속 직장건물은 지난 세월 동안 모두 그 자리에서 없어지고 리모델링한 전통시장이 되거나 고층아파트가 임립한 단지가 되어 한 장의 명함에 담긴 그 시절은 그대로 그리운 추억의 한 장이 되어 더 소중하게 여겨졌다.

남보다 늦게 결혼해 綠玉婚式을 맞는 올해 연애시절 선물했던 타조핸드백이 다시 곱게 나이 드신 어른처럼 아무런 흠집 하나 없이 사랑을 가득 담고 그 모습을 그대로 드러내니 행복하고 기쁘기 그지없다.

연애시절 선물로 사주어 결혼으로 골인해 결혼생활을 사랑으로 가꾸고 지켜오게 한 사랑의 그 핸드백을 만나게 됨은 사순 제3주일에 받은 귀한 선물로 여겨졌다. 핸드백은 26년 전 영세할 당시 서약했던 신앙생활의 현주소를 되돌아보며 자신의 고집을 버리고 삶을 새롭게 해주시기를 청하며 영세 초심으로 돌아가 그분께 귀를 기울일 것을 다시 다짐하는 값진 계기가 되었다.

(2015. 3. 9)

# 신부님으로 알고…

그 해 그 날 이후 해마다 맞는 9월 12일이면 남다른 감회가 인다. 나만의 이런 감회를 느끼는 것은 내가 쓰러진 바로 그날 그해이기 때문이다. 1993년 9월은 대전 엑스포가 열리고 있던 달이고, 12일은 모처럼 맞은 일요일이다. 이른 새벽이면 출근 전 늘 보문산을 오르거나 갑천변을 걷는 운동을 해왔듯이, 이 날 갈색으로 물들어가는 갑천변 초가을 잔디밭을 마음껏 걸으며, 그간 제대로 걷지 못한 아쉬움을 달랬다.

평일보다 조금 늦은 시간 걷기를 마치고 집으로 들어가는 길, 기다리던 교통신호가 바뀌며 서둘러 출발했다. 아파트에 도착 엘리베이터를 타는 순간 이상한 고추 매운 내음이 코를 찔렀다. 고추를 말리는 계절이어서 밤새 거둬들였던 고추를 말리기 위해 내려갈 때 남긴 매움이려니 했다. 그러나 다른 사람들은 아무렇지도 않다며 나를 쳐다보며 킁킁댔다.

방에 들어왔으나 메스껍고 자꾸 눕고만 싶었다. 119를 부르게 되고 일요일을 맞아 한 대학병원 응급실을 찾았다. 응급실 주치의는 자릴 비우고 레지던트와 간호사만이 자릴 지키고 있는 상황. 응급실에 들어가 3시간 쯤 지나 운동 중에 연락을 받고서 서둘러 나왔다는 전문의의 진료를 받게 되었다.

의사는 몇 가지 검사를 해봐야 정확한 진단을 할 수 있겠다며 MRI촬영을 해야 한다는 것. 이 날 난생 처음으로 119구급차 타고 처음 응급실 들어와 처음으로 MRI도 촬영.

얼마 후 MRI를 판독한 의사는 뇌의 혈관흐름이 막히는 뇌경색이라며 우선 입원, 막힌 피를 뚫어야한다며, 이런 저런 투약과 주사를 먼저 하고는 절대안정이 요구된다며 면회도 절대 사절이라는 팻말을 입원실입구 문에 달아놓았다.

이로부터 근 50여일 만에 좌편마비라는 후유증을 안고 퇴원했다. 다음 해 3월 초에는 다니던 직장에서 편마비된 지체를 끌고 물러나오게 되었다. 퇴원 후 입원했던 병원을 찾아 재활물리 치료를 집중적으로 하며 통원 치료를 해 왔다. 그러던 중 처음 진료를 했던 신경과의사가 차린 개인병원을 찾아 주치의의 진료를 받아오던 터였다.

그러던 2001년 하반기에 접어들면서 심한 감기증세를 보여 동네 이비인후과를 다니게 되었다. 나이 든 원장은 처방한 약을 복용하고도 낫지 않으며 목소리가 자꾸 쉰다고 하였더니 '모두 나이 드신 분들의 일반적인 노화현상'이라며 대수롭지 않게 여겼다. 그렇게 나이 드신 동네 병원 원장을 믿고 찾아다니며 진료를 받아도 감기와 쉰 목소리는 좀처럼 낫지를 않고 여전하더니 3년이란 시간이 흐르며 목소리는 특히 더 악화되었다.

한 대학병원에서 오랫동안 방사선과 책임자 자리를 가져왔던 아는 전문의와 상담을 했다. 그는 잘 아는 자기선배가 한다는 이비인후과 원장에게 소개하는 편지를 주었다. '토요일이라 바쁘실 테지만 보내는 분 빨리 잘 부탁드린다.'고 속필로 써서. 그리고 그에게 전화부탁도 한통 더 써 주었다.

나를 맞은 원장은 전화를 받았다며, 우선 내시경부터 해보자며 한동안 내시경을 훑어 본 원장은 자기 방으로 들어가 써온 소견서를 보여주고 읽어주며 주문했다.

"후두암으로 보이니 지체하지 말고 가급적 빨리 자기가 소개하는 서울의 유명한 대학병원 4 곳 중 어느 한 곳을 찾아 진료를 받아보세요!"

이렇게 뇌경색으로 쓰러진지 10년이 가까워진 2001년 또 하나의 놀라운 전문의 소견을 들어야 했다. 소개한 대학병원 중 한 곳을 찾았다. 소견서와 영상물을 판독한 전문의는 무겁게 입을 열었다. 일단 입원, 후두암으로 보이니 확진한 다음, 수술여부를 결정 하자며 입원일과 예정일자는 곧 연락을 하겠다고 약속하였다.

해가 바뀌어 새해 2002년, 시무하던 바로 그날 1월 3일 아침, 연락을 받은 대학병원 원무과를 서둘러 찾아 올라갔다. 원무과에서는 이비인후과 병동에는 현재 빈 방이 없으니 그 옆 정형외과 병동에서 잠시 기다리라더니 내일이면 입원실 하나가 비는 곳이 있는데 그곳으로 갈 것이냐고 물어 두말 않고 응락하였다.

다음 날 점심시간이 가까운 이비인후과 병동으로 입원실을 옮겼다. 방을 옮기느라 오가며 복도에 로만칼라를 한 많은 신부님들이 거니는 모습이 보여 여기는 신부님들만 입원하는 곳인가 보다고 의아하게 여겼다. 병상을 배정받아 자릴 잡으며 같은 방에도 입원한 신부님들이 많아 역시 신부님들만이 입원하는 곳인가라는 생각을 한동안 떨쳐버리지 못했다. 얼마 후 알고 보니 그들이 목을 가린 흰 에이프런은 로만칼라가 아니라 목 수술을 한 환자들의 목에 난 구멍 — 氣道空을 가리기위한 것이라는 것을 비로소 알았다.

그 대학병원에서는 후두암에 대한 방사선치료를 우선했으나 재발하는 바람에 결국은 수술을 한 후에 언어장애라는 후유증을 얻어 근 3개월의 입원치료를 거쳐 퇴원하게 되었다. 그 후 대전에서 병원을 오가며 치료를 받았으나 언어장애는 여전. 한 번은 병원에 다녀 내려올 때 어느 날 오후 서울에 사는 누님 아파트를 찾았다. 아파트 입구에서 엘리베이터를 기다릴 때 문을 열고 나오던 40대 내외가 나를 본 순간 멈칫 멈춰서서 나란히 목례를 하고, 다시 가벼운 목례를 하고 바쁜 걸음으로 가는 것이었다. 알지도 못하는 사람들에게 인사를 받는 순간 나도 모르게 뒤에 누가 섰는지를 돌아보게 되었다. 그러나 내 뒤에는 아무도 없었다. 그러고 보니 그들은 흰목가림을 두른 나를 보고 순간 틀림없이 나를 신부님으로 착각한 모양이다.

그로부터 시간이 좀 흐른 뒤 천주교를 함께 믿는 고교 동창들의 모임이 마련한 성지순례에 참여하게 되었다. 서울에서 내려올 동창들과 성지에서 만나기로 하고 대전을 서둘러 출발 성지에 도착, 마리아와 나는 성지주차장 옆 벤치에 앉아 내려오기만을 기다렸다. 주차장에는 많은 순례버스들이 줄을 이어 들어왔다. 신부님이 앞에서 안내하는 순례객들은 성지 쪽으로 걸어 서서히 줄지어 올라갔다. 올라가던 행렬의 앞에 선 신부님은 벤치에 앉은 나에게 다가와 정중하게 인사를 하는 것이고 뒤따르던 많은 신자들도 따라서 인사를 하는 것이 아닌가?

영문도 모르고 얼마간 인사를 받은 우리는 자리를 피해 앉았다. 그리고 나서야 그 지방에서 유명한 대학찰옥수수 찐 것을 사서 쏟아지는 햇빛 아래서 맛있게 먹을 수 있었다. 점심시간이 되어 식당에서 배식을 받을 때 배식하는 사람이 바로 성지관리 주임 신부님임을 알고 가볍게 놀랐다. 앞치마를 두른 신부님은 친구들이 "얘는 오늘 주차장 벤치에서 우리일행을 기다리다 다른 순례단을 인솔하신 많은 신부님의 인사를 받았다."고 하자 신부님도 나를 쳐다보고 '아마도 선배신부님으로 안 모양'이라며, "선배 신부님, 식사 많이 하시라"며 함께 웃었다.

이와 같이 살다보면 착각이 빚어내는 가벼운 웃음거리가 많겠지만 신부가 아닌 처지에서 착각한 신부님들의 인사를 받으며 내 목을 가린 흰목가림이 더 이상 로만칼라로 여겨지는 일이 없기를 바라는 마음뿐이다.

(2013. 9. 7)

# 부부의 사랑나무가 크는 정원

꽃피고 새우는 봄이 오면 자주 찾아가던 정원 한 곳이 있다. 지난봄에도 그 정원에 갈 셈이었다. 그러나 사정이 생겨 갈 수가 없었다. 이러한 사정을 잘 아는 바오로가 하루는 어렵게 입을 열었다. "그 정원에 가는 것은 어떻게 할까요?" 바오로는 맨 처음 그 정원을 소개했고, 갈 때면 언제나 운전하여 안내를 해오던 터였다. 나는 그를 달래듯이 사정이 풀리면 가자고 했다.

사정이 생겼던 6월이 지나고 사정이 풀리지 않은 7월에 접어든 어느 날 바오로는 책 한 권을 사와 내놓았다. '아침고요정원 일기'. 책 이름 속 아침고요는 가고자 했던 아침고요수목원의 아침고요가 아닌가 하여 반가운 맘에 놀라워 바오로를 쳐다보았다. 바오로는 책의 저자가 아침고요수목원의 원장 바로 그 분이라며 "올 봄에 그 정원에는 가지 못하지만 대신 이 책을 보시라고 사왔다."는 것이다.

가고자 했던 아침고요수목원은 경기도 가평군 상면에 있는 정원이다. 수목원은 '한국적 정서를 담은 수목원 안 정원들을 통하여 한국의 자연미를 드러내어 표현함으로 인간의 쉼과 화목에 기여함을 목적으로 하는 설립 취지와 목적' 아래 조성되었다.

정원에 가고자 했다가 가지 못한 마음, 정원에 가는 마음으로 책을 열었다. 몇 번씩 찾아는 갔어도 수목원에 대해 아는 것이 거의 없어 궁금한 게 많은 터라 저자가 쓴 Prolog부터 보았다. 정원은 '자신이 만들어 아내에게 선물하겠다.' 는 '남편의 매우 낭만적이면서도 농담 같은 감언이설에 세상 물정 모르는 철부지였던 나는 한번 말려보지도 못하고 그 험난한 고생길에 동반자가 되고 말았다.'고 정원을 만들게 된 사연을 필자는 털어놓았다.

'일기'를 재미있게 읽게 되어 반쯤 읽었을 때 정원일기를 발간한 (생면부지의)원장에게 축하인사를 겸해 정원에 가고자 했다가 가지 못한 사람에게 정원에 간 듯 정원을 소개해주는 책을 읽을 수 있게 해주어 감사하다는 뜻도 아울러 문자로 보냈다.

필자는 '아침고요정원일기'를 쓰게 된 이유를 밝혔다. '남편과 함께 아침고요를 만들고 꾸려온 지 십 수 년의 세월이 훌쩍 지나갔다. 숲과 정원에서 매일 다른 모습으로 마주하는 풍경과 소리는 오감을 통해 내 가슴으로 들어온다. 그것들은 낮은 울림이 되어 가슴 속을 자꾸 맴돌다 위로 솟구치려는 충동을 일으킨다. 어린 시절, 방학숙제 외에 일기라고는 써본 적이 없던 내가 종이 위에 그 울림을 적지 않고는 배길 수가 없어 몇 년 전부터 정원일기를 간간이 적어왔다. 그 일기들이 모여 책이

되기까지는 전적으로 아침고요에 사는 나무들과 풀꽃, 곤충과 새들, 그리고 이것들을 품에 안은 정원이 있었기에 가능했다.'고 밝히고 있다.

아침고요수목원은 축령산에 자생하고 있는 식물자원뿐만 아니라 희귀 멸종 식물 및 도입식물을 자체적으로 증식, 보존하고 있으며, 총 5,000여 종의 식물을 보유하고 있는 큰 정원이 됐다. 이 중에는 우리나라 자생 야생화 1,000여 종이 포함되어 있으며, 5월 말과 6월 초에 가장 아름다운 아이리스 정원에서는 국내에서 가장 많은 품종인 1,000여 종의 아이리스를 만나 볼 수 있다. 또한 230여 종의 각종 고산식물과 더불어 나라꽃 무궁화 200여종이 분포하고 있다. 이밖에도 백두산의 희귀 야생화 300여종과 1,000여종의 작품성 높은 다양한 수목을 보유, 자랑하고 있다.

'남편은 나에게 종종 〈나는 사랑하는 아내에게 정원을 만들어 선물한 남자〉라고 씨알도 먹히지 않는 공치사를 웃으며 늘어놓았다. 나는 그럴 때마다 "주제 파악도 못한 채 정원을 만들겠다고 해서 마음고생, 몸고생을 실컷 시켜놓고 선물은 그게 무슨 선물이냐? 라고 남편에게 면박을 주기 일쑤였다". 허지만 이 정원일기를 쓰는 동안 나는 남편이 내게 한 말, 미안함을 감추기 위해 던졌던 겸연쩍은 그 공치사가 진실이었음을 깨달았다.'라고 고백하듯이 토로하고 있다.

이어 '정원에 피고 지는 무수한 나무와 풀꽃들, 조화롭게 어우러진 풍경들과 나누었던 교감과 대화 그리고 그것들을 통해 얻은 안식과 평화는 내게 그 어떤 값 비싼 보석보다도 고귀한 선물이 되었다.'며 '이제는

험한 길을 돌아서 결국 내 손에 분수에 넘치는 선물을 안겨준 그리고 힘겨운 길에서 넘어져 심하게 다친 남편에게 진심으로 "고맙고 감사합니다."라고 말하고 싶다.'고 필자는 가슴에서 울어 나오는 따뜻한 소리를 하고 있다.

필자는 '이 글은 꽃과 나무 그리고 나비와 새들이 가득한 정원에서 그 아름다움에 취하여 마냥 어린이처럼 들뜨고 행복했던 경험을 수채화처럼 그려 적고, 때로 힘들고 낙담이 되었을 때 정원이 내게 일깨워준 깨달음을 통해 얼마나 큰 위로와 희망을 얻었는지를 기록한 일기다. 이 책을 손에 쥔 독자들도 내가 경험했던 바대로 글로 적은 정원에서 행복을 느끼고, 꽃과 나무가 전하는 위로와 희망의 말을 함께 들었으면 좋겠다. 그래서 독자들의 가슴에도 정원이 안주하는 선물인, 사랑과 안식, 그리고 평화가 가득하기를 소망한다.'고 간절히 기원했다.

정원 설립자 — 남편은 Epilogue에서 '나의 꽃'이란 글에서 '…단 한번인 인생길에서 함께 미로를 걸어온 아내 — 원장에게 진정으로 "고맙다"는 말을 하고 싶다. 그리고 당신은 내 인생길에 운명처럼 피어있는 "나의 꽃"이라고 고백하고 싶다.'고.

**나의 꽃**

네가 나의 꽃인 것은
이 세상 다른 꽃보다
아름다워서가 아니다.

네가 나의 꽃인 것은
이 세상 다른 꽃보다

향기로워서가 아니다.

네가 나의 꽃인 것은
이미 내 가슴속에
피어있기 때문이다.

'인생의 정원에 피어난 셀 수 없는 꽃들 가운데 나는 누군가의 '나의 꽃'이고, 나 역시 '나의 꽃'들을 품고 살아간다. 그러니 많은 이들에게 '나의 꽃'이 되고, 많은 '나의 꽃'을 품은 사람은 이 땅에서도 행복을 누린다. 꽃은 시들어 없어지지만 인생의 정원에 피었던 꽃은 사랑의 여운으로 우리 가슴에 남는다.'

새봄에는 지난 해 가려다 가지 못한 봄꽃들의 낙원, 아침고요수목원을 찾아보며 푸르른 건강 휴양지의 여름, 단풍과 국화가 조화를 이룬 가을, 설경과 빛이 하모니를 이룬 겨울 수목원도 앞당겨 그려보련다.

(2013. 12. 11)

# 이웃 간 다리는 주부가 놓는다

저녁 응접실의 전화벨이 울렸다. 살고 있는 아파트단지 같은 동 같은 라인 10층에 사는 이 아무개 사장의 부인이 걸어 온 것. 통화를 한 마리아는 "우리는 아직 김장을 하지 않았으나 매년 김장을 해주는 형제들이 올해도 해준다고 하니 걱정하지 마시라."고 몇 번씩 고맙다는 인사를 되풀이했다.

부인과는 살고 있는 아파트로 이사해 와 같은 동에 함께 살면서부터 남다른 이웃의 정을 나누며 오늘에 이르고 있다. 남다른 정을 나누게 된 데는 큰 수술을 한 마리아가 병고를 치루는 모습을 지켜본 부인이 따뜻한 마음의 손길을 펴오게 되면서부터 시작되었다. 이사해 오던 해부터 부인은 손수 김장을 하지 못하는 우리 집 김장까지 해주기 시작한 것이다.

그로부터 부인은 봄이 오면 농촌에서 농사지어 기른 채소로 새 봄맛을 담은 봄김치를 담아오기도 하고, 무더위가 기승을 부리는 한 여름이면 열무김치와 시원한 냉콩국수를 수시로 만들어와 더위를 잊게도 해주었다. 농사지은 무공해농산물이라며 오이와 참외 풋고추 등을 따오기도 하고, 옥수수를 쪄오는가 하면, 몸에 좋다며 집에서 심어 딴 호박으로 쑨 죽이라며 호박죽을 가져와 계절 맛 시골 농촌 맛에 이웃 맛을 즐기게도 해주었다.

한여름 삼복더위가 기승을 부릴 때면 토종닭백숙에 찹쌀 닭죽, 녹두죽을 써와 더위를 이겨내 건강하길 빌어주기도 했다. 사골을 곤 곰국을 가져오는가 하면, 손수 산에서 주워 집에서 만든 도토리묵을 해오기도 하며, 추석을 앞두면 송편과 가을 아욱국을 끓여 오며, 김장철이면 수육을 푸짐하게 삶아 보쌈거리와 싱싱한 굴 겉절이를 만들어오기도 하였다.

"'드시고 싶은 것이 무엇인지 알려 달라."며 해주겠다고 약속한 것은 또 얼마나 많은지… 뿐인가? 설이면 떡국에 떡국 떡과 가래떡은 물론….

전화를 주던 날도 10층 아주머니는 농사지은 배추와 무로 그 날 손수 담았다는 김치 한통과 푸짐하게 썬 수육 큰 한 접시와 싱싱한 생굴 무침 한 접시에 절인 배추 속 한 접시를 손수 아파트로 가져왔다. 마침 집에 들렀던 바오로와 함께, 아주머니가 가져온 생각하지도 않은 김장 끝 푸짐한 먹을거리로 저녁을 함께 하며 이웃 정을 나눴다. 바오로는 얼마 전에도 집에 들렀다가 이웃 아주머니의 따뜻한 정을 만난 기억이 새로운지 '저는 참 발이 긴 모양'이라며 제 식복을 은근히 자랑하여 모두 맞장구를 쳐주기도 했다.

생각하지도 않은 저녁을 맛나게 하고 나서 오늘 저녁 정말 맛있게 했다는 전화를 받은 부인은 언젠가 내외와 함께 찾았던 간월도에 다시 한 번 가서 산지에서 굴 한번 먹고 오자면서 담아놓은 동치미는 익는 대로 곧 가져다주겠다고, 또 하나의 약속까지 했다. 우리도 가끔은 작은 정이라도 담아 보내 나누며 고마운 뜻을 전하기도 한다.

아파트로 이사와 지난 7년 동안, 아무런 인연도 없었던 이웃의 한결 같은 따뜻한 정을 받으며, 다 사라져 버린 것이라 여겨오던 이웃 정이 '아직도 살아있었네!'를 느끼게 되었으며 이웃 사랑의 다리는 주부의 따뜻한 마음에 따라 놓여진다는 사실을 다시 알게 되었다.

(2013. 11.30)

# 당신 안 가면 안 돼?

며칠 전 고교 동창으로부터 전화. '우리 오랜만에 만나 점심이나 할까?' 전화를 받은 이틀 후 동창이 가자는 식당에서 만났다. 식당은 지난 6월 초 그와 만나 함께 점심을 했던 곳. 그는 그 집 청국장 돌솥밥과 토속반찬이 좋다면서 우리 다시 만나자고 했던 곳이다.

그 날 자리에는 오늘 점심자리를 주선한 사관학교 출신 만년 청년 동창과 대학 강단에서 평생 독문학을 강의하다 정년퇴임한 동창과 중등교육에 평생을 바친 백발 노장 등 네 명이 함께 했다. 청년 동창이 반주를 제안, 시원한 맥주 한잔씩을 건배한 후 식당이 자랑하는 청국장을 한 수저씩 떠먹어보고는 이구동성으로 '그래, 바로 이 맛!'이라며 입맛을 쩍쩍 다시며 웃음꽃을 활짝 피웠다.

식사를 하며 주로 나눈 이야기는 자신의 일상과 부부의 건강문제. 독문학을 전공한 동창은 폭염의 여름을 다 보내고 감기 든 몸이면서도 오늘 이 자리에 오기 전, 10여 년째 다니는 학원에서 두 시간 서예를 하고 왔다며 작품 2점을 보여주며 설명도 해주었다. 사관 출신 동창은 아침마다 오르는 동네 마을 동산을 한 바퀴 돌고 왔다며 많은 동네 사람들과 함께 동산을 오르내리며 동네 소식을 나누며 친교도 다지고 건강도 도모한다고 했다.

나머지 한 친구는 가슴 아픈 이야기를 했다. 집을 나오려 할 때 긴 세월 간병중인 부인이 옷깃을 잡으며 간절히 호소하였다.

"여보, 당신 오늘 점심 자리에 안 가면 안 되느냐?"

"그래서 나오기가 참 힘이 들었다." 고 했다.

"밥만 먹고 빨리 오겠다."는 남편에게

"나는 당신이 없으면 무섭다."면서도

"집에 며느리가 와 있으니 무서워하지 말라."는 남편에게

"그럼··· 친구들 만나서 점심 잘 먹고 빨리 들어오라."고 했다는 말에 모인 친구들은 잠시 숙연하였다.

지난 30일 오전 응접실에서 KBS — TV의 인간극장 '산골 할머니의 만가'를 열심히 시청하던 아내가 컴퓨터를 하고 있는 나를 불렀다. "여보 당신 나와 이것 좀 봐요." 할아버지(88)와 할머니(86)가 큰 아들과 사별한 큰 며느리와 큰 손자와 함께 고향 땅에서 손수 농사를 지으며 살고 있는 건강한 일상을 담아 낸 프로그램이었다.

"여보, 70년을 함께 살았으니 갈 때도 함께 가자."며 할아버지의 얼굴을 쳐다보던 할머니의 얼굴이 화면을 가득 채웠다. 이어 다음 주 프로그램을 알리는 시그널 뮤직이 흘러나오며 화면은 사라졌다.

점심 모임을 끝내고 한 시라도 빨리 집에서 기다리는 부인에게 달려가야할 친구가 나의 귀가 길까지 차편을 제공해주고, 서둘러 집으로 향해 달리던 자동차 뒷모습이 다시 떠올랐다.

"남편들도 자기 아내 사랑하기를 자기 자신과 같이 할지니 자기 아내를 사랑하는 자는 자기를 사랑하는 것이니라"(에베소서 5:38)

(2013. 9. 21)

# 여러분이 나의 스승

정년퇴임한 교수 한분이 졸업 3년 후에 제자들이 마련한 저녁 모임자리에서, 고마움을 전하며 한 인사말이 너무나 인상적이다.

내가 현직에서 활발하게 일할 때는 나는 명실상부한 여러분의 스승이었습니다. 하지만 퇴임하고 나서 학문을 접하는 기회가 줄고 임상에서 일하는 폭이 줄어들다 보니 새로운 이론이나 경험을 여러분께 현역 때처럼 드리기는 어렵습니다. 그래서 평소 제가 강조해서 말 했던 '퇴임 후에는 여러분들이 나의 스승이 되어 많은 정보를 주기 바란다.' 는 이야기를 실천할 때가 되었다고 생각합니다.

오늘부터 여러분들은 나의 제자가 아니라 나의 스승입니다. 한창 바쁠 나이의 여러분이 나를 위해 시간을 할애해주고 근사한 장소에서 함께, 근사한 저녁자리까지 마련해주니 즐겁기 그지없습니다. 여러 선생님, 거듭 감사드립니다. 앞으로는 선생님들 말씀 잘 듣는 모범생이 되겠습니다. 오늘은 모범생 되는 첫 수업이라고 생각하겠습니다.

그는 이어서 나를 바라보면서 미래 여러분의 모습을 상상해 보기 바랍니다. 나를 부족하게 생각했던 분들은 나를 '이근후처럼 나이 먹지 않겠다.'는 목표를 세우세요. 나를 흡족하다고 생각한 분들은 나도 저렇게 되어 볼까 하고 목표를 세워보세요. 나를 거울삼아 여러분들이 아름답게 나이 먹기를 바랍니다. 노년이 먼 곳에 있는 것 같아도 지척에 있다고 말씀드립니다.

이제 나 또한 가르치는 자리에서 물러나 여러분에게 배우겠습니다. 여러 선생님들이 정성으로 가르쳐주신다면 나도 쓸모 있는 늙은이가 될 것입니다.

말이 끝나자 제자들은 아낌없이 박수를 보내주었다. 그 뒤 그는 제자들과 동등한 관계로서 함께 배우고 공부하는, 지식과 배움의 동반자가 되었다고 쓰고 있습니다. 오히려 자신이 더 많은 도움을 받고 있는 것이 사실이라고도 말합니다. 자신이 만약 스승의 자리에 (그냥)남아 가르치려고만 했었다면 자신은 아마도 고집 센 노인밖에 되지 않았을 것이라고 스스로 여긴다고도 합니다.

그는 끝으로 자신은 세월의 흐름에 따라 달라지고 변화한다며 그 흐름을 따라 변화하는 자신의 쓸모를 발견할 줄 아는 것도 나이를 잘 먹는 것 중의 하나가 아니겠느냐고 말하고 있습니다.

* 참고: 나는 죽을 때까지 재미있게 살고 싶다(이근후 이화여대 명예교수)

(2013. 7. 19)

# 대학 한 후배가 남긴 향기

며칠 전 일이다. 대학 한 후배 내외가 마련한 점심자리가 있었다. 자리는 50여년 전통을 자랑하는 제법 이름이 난 복집. 그 날의 자리는 아내가 매일 참가하는 한 모임에서 후배의 부인을 만나며 잉태하기 시작했다. 모임에서 두 사람은 남다른 관계를 유지하게 되었다.

그러던 어느 날 이런 저런 이야기를 나누던 중에 부인의 남편이 내가 다닌 대학의 동문인 것을 알게 되고 후배가 되는 것도 알게 되었다. 하루는 먹는 이야기가 나와 아내는 내가 복국을 무척 좋아한다는 것도 말하게 되었다. 그로부터 며칠이 지나며 부인의 남편은 대학의 후배가 될 뿐만 아니라 모교의 교수로 봉직하다 정년퇴임한 명예교수임도 알게 되었다.

하루는 모임에 다녀온 아내가 교수부인이 우리 내외에게 점심이라도 한번 사며 인사를 하고 싶어 한다는 뜻을 전하며 어떠냐고 물었다. 부인은 만날 요일까지 정해서 '이왕이면 좋아하신다는 복국을 사드리고 싶다'는 뜻도 아울러 전해왔다. 우리는 뜻을 고맙게 받아드리며 '그러나 비싼 복국보다는 다른 것을 먹으면 어떻겠느냐?'고 의견을 구했다. 하지만 이미 예약을 해놓았다며….

지난 22일은 만나기로 한 날. 교수 부인과 모임을 끝낸 아내와 부인을 태워 교수가 예약을 해놓았다는 그 복집을 향했다. 운행 중에 부인은 남편에게 전화를 걸었다. "당신은 지금 어디 있느냐?"고. 교수는 예약한 복집에 먼저 도착해 우리가 도착하길 기다리는 중이라는 것이다.

2층에 자리한 복집에 이르니 여 종업원이 자리를 안내했다. 방에 들어서자마자 단정한 정장차림을 한 부인의 남편이 머리 숙여 정중하게 인사한 후 미소 띤 얼굴로 다가왔다. 그의 얼굴은 처음 보는 순간 마치 오랜 시간 사귀어온 옛 친구처럼 금방 알아볼 수 있는 얼굴이었다. "제가 선배님을 먼저 찾아뵙지 못해 죄송합니다." 고 예와 성을 갖춰 인사하기도 했다.

이미 차려진 예약 자리에 앉기를 권하며, 우리가 앉은 뒤에야 내외도 자리를 잡고 앉았다. 교수는 메뉴 북을 내놓으며 "무엇을 드실지…. 이왕이면 좋은 것을 드시지요."라며 우리가 고른 것을 주문했다. 밑반찬이 다 차려져 있는 상에 잠시 후 주문한 복지리 한 냄비가 소담하게 담겨 나왔다. 곧 부글부글 끓는 지리는 향긋한 풋 미나리 봄 냄새를 내며 입맛을 돋우었다, 후배 내외는 서로 서로 우리보고 '많이 드시라'며 잘 익은 복 살덩이를 우리 그릇에 떠다놓기에 바빴다.

복지리 맛을 오랜만에 즐기며 대학 4년 후배가 되는 그에게 불란서에 유학, 힘들다는 역사학 박사 학위를 취득한 것에 늦게나마 축하를 하며 취득하기까지 7년이 걸렸다는 말과 "미치지 않으면 취득할 수 없었다."는 말에 다시 한 번 축하. 문학박사이며 한국서양문화사학회 명예회장인 그는 "대학 모교 후배 중에 지난 17년간 서양사학을 하는 후배가 아직 한 명도 나오지 않아 아쉽다." 며 한국서양문화사학회를 걱정했다.

그에게 대학 동기 중에 내가 알 만한 사람이 없겠느냐는 말에 그는 내 고등학교 3년 후배 김 아무개를 대며 요즘도 가끔 소식을 나눈다고 했다. 그와는 내가 사회생활을 하던 같은 직장, 같은 직종에서 함께 하던 잘 아는 사이였다.

남편의 말을 듣고 있던 부인은 이 말에 힘을 얻은 듯 아내에게 "형님, 그렇다면 그 직장에 다니던 또 다른 김 아무개의 부인과는 저와 친한 여고동창 사이인데 모르시나요?" 묻고는 아내의 입을 지켜보았다. 부인이 말한 그와도 같은 직장에서 오랜 시간 함께 근무를 하며 같은 아파트 단지에 살았고, 같은 성당을 다니던 내외간 형님 아우 하던 사이였다.

대학 졸업 후 후배 내외와 처음 함께 한 점심자리에서 짧은 시간이었지만 세상이 넓지만 좁다는 것과 동시대를 사는 사람 사이 인연이란 게 참 묘하다는 사실을 다시 한 번 느꼈다. 후배와는 학창생활을 같이 한 적도 사회생활을 함께 한 적이 없으면서도 대학 선후배란 사실만으로 그에 못잖은 즐거운 만남을 한 소중한 시간을 가졌다.

식사를 끝내고 차를 한잔 드는 사이 그는 자신이 저술한 '프랑스의 절대왕정시대'는 나에게, 그리고 '나폴레옹'은 아내에게 주며 그간 '자신이 출간한 저서와 공저서 변역서 10여권 중에 읽고 싶은 책을 연락만 주시면 곧 보내 드리겠다.' 는 약속에 '오늘을 있게 해 준 모교에 감사할 따름' 이라며 잠시 감회에 젖는 모습이었다.

내외는 우리를 주차장까지 배웅, 차창을 열고 떠나는 우리에게 '두 분 건강하시라.'며 작별인사를 하고는 끝까지 손을 흔들며 서있었다.

(2013. 4. 5)

# 은사님을 잊지 않는 백발의 제자들

지금으로부터 좀 오래된 이야기다. 현직시절, 봄이 농익어 신록의 시원한 그늘이 그리워지는 5월 어느 날 오후, 사장실 여 비서로부터 전화가 왔다. 사장님 실에 오신 손님 한 분이 나를 보고 싶어 하신다니 바쁘지 않으면 사장님 실로 빨리 올라오라는 사장님의 말씀이라는 것이다. 사장님 실에 들어서니, 사장님은 들어오는 사람을 마주 보는 자리에 앉아 계시고, 사장님 앞 왼쪽 앞 의자에는 등을 보이는 손님이 앉아 계셨다.

인사를 받은 사장님은 빙그레 웃으시며 앞에 앉아 계신 분을 바라보며 눈으로 안내를 하셨다. 눈길을 마주하는 순간 앉아 계시던 분이 바로 초등 4학년 때 은사님이심을 알고 인사를 드렸다. 인사를 받은 은사님은 자리에서 벌떡 일어나시며 "나를 알아보겠느냐?"고 반기시며 내 이름을 부르며 손을 내미시어 굳게 악수를 하셨다.

은발의 은사님은 맞은 편 의자에 앉은 나를 한참 보시더니 "야 천규

야! 네가 내 선배 해야겠다. 머리가 나보다 더 셌잖아?"하시며 파안대소하셨다. 은사님은 대전 출장길에 해병대 장교(대령 예편) 임관 1기 선배인 사장님을 뵈러 온 길에 내가 보고 싶어 찾았다는 것이다. 은사님은 서울에 사는 초등제자들이 해마다 스승의 날을 맞아 마련한 회식자리에 나갔다가 내 소식을 들었다는 것이다.

해마다 5월, 스승의 날이 오면 나를 부끄럽게 하는 일이 하나 있다. 서울에 사는 초등 동창들은 수십 년 전부터 서울에 계시는 초등 은사님들에게 스승의 날을 맞아 사은의 회식자리를 마련해 오고 있는 것이다. 은사님들이 원하시는 먹을거리를 찾아 은사님들의 단골이나 전망이 좋은 곳의 식당에 회식자리를 마련해 함께 즐기는 시간을 가져오는 것이다.

은사님을 모신 제자들은 우선 한사람 한 사람씩 큰 절을 올리고 다음에는 모두가 함께 큰 절을 올리고 난 다음에는 사은의 뜻을 담아 마련한 선물을 드린다. 그리고는 은사님들에게 제자들이 한잔씩 따라 올리고 가장 연로하신 은사님의 선창으로 건배를 한 후 은사님들의 만수무강을 빌며 내년 스승의 날에도 건강하신 은사님들을 또 다시 모시길 다 함께 한마음으로 비는 것이다. 이어진 즐거운 담소를 가진 후 은사님들을 제자들 차에 나눠 모시고 좋아하시는 가벼운 드라이브를 하고 댁에 한 분 한 분씩 모셔다 드리는 것이다.

지난 결혼기념일을 앞두고는 주례를 서주셨던 고교 은사님 생각이 갑자기 떠올랐다. 같은 교직에 몸담았다 정년퇴직을 한 고교동창을 통해 은사님의 행방을 수소문했다. 며칠 후 은사님의 주거지주소와 전화번호를 알려왔다. 알려준 전화번호로 전화를 했다. 전화를 받은 분은 은사님의 사모님. 은사님은 주민 센터에 나가시어 매주 2회씩 서예지도를 하시는 날이라 하여 얼마 후 다시 전화. 사모님의 전화를 넘겨받은 은사님은 "박아무개냐?" 며 반기시고는 스승의 날이면 빼놓지 않고 은사님 댁을 찾아온다는 교수정년 퇴임을 한 고교 동창 윤아무개 이야기를 하셨다.

이런 일이 있은 후 몇몇 고교 동창들과의 점심 모임이 있었다. 이런 저런 이야기를 나누는 중에 윤아무개가 스승의 날이 오면 고교은사님을 잊지 않고 댁으로 찾아뵙고 사은의 회식자리를 마련해 오고 있다는 이야기를 하게 되었다. 이 이야기를 들은 동창 한 명이 그런 제자라면 이 자리에도 있다며 교수직을 정년퇴임한 이 아무개교수를 쳐다보았다. 그는 부인과 함께 해마다 대학은사님을 스승의 날에 찾아뵙고 내외분에게 사은의 회식을 해오고 있는 것이다.

스승의 날을 맞으면 수 십 년째 은사님을 댁으로 찾아뵙고 사은의 인사를 드리고 내외분을 밖으로 모시어 식사를 대접해 오고 있는 초등, 고교, 대학제자들의 이야기를 들을 때마다 부끄러움을 감출 수 없다. 회사 사무실로 찾아 오셨던 초등 은사님은 자랑스러운 호국영령으로 보훈성지국립 대전 현충원에 고이 잠들어 계시다. 은사님이 더욱 그리워지는 신록이 가정의 달과 호국보훈의 달이 하루하루 다가온다.

(2013. 4. 26)

# 3부

## 청기야, 옛 따 깡개

# 은사님의 연서

지난 해 마지막 달인 12월 2일 서울에 사는 한 초등학교 동창으로부터 이메일이 왔다. 12월 첫 날인 12월 1일 바로 어제, 서울에 사는 초등 세 동창이 함께 역시 서울에 사시는 연로하신 은사님 한분을 찾아뵙고 은사님과 뜻 깊은 하루를 보냈다는 것이다.

동창들은 먼저 몇 해 전 사모님과 사별하신 후 도봉구에서 아들 부부의 보살핌을 받으시며 외로움을 달래며 노년을 보내고 계시는 이**(84) 은사님을 찾아 큰절로 안부 인사를 드리며 새해에도 무병장수하시길 빌었다.

동창들은 은사님을 모시고 한 차에 타고 좋아하시고 사랑하시는 한강변을 드라이브하며 뛰어난 자연경관을 즐기며 차안 담소도 즐겼다. 그리고는 청평댐에서 내려오는 한강 물이 손만 뻗으면 닿을 듯 아주 가까운 곳에 있는 한식집 2층, 한강이 훤하게 내려다보이는 전망이 좋은 상석에 은사님을 모시고 점심을 대접해드렸다는 것이다.

나는 이메일에 나오는 은사님과 사모님 소식을 들으며 지금으로부터 근 60 여 년 전 대흥초등시절로 거슬러 올라가며 이**은사님의 연서를 나르던 일이 떠올랐다. 어느 날 점심시간을 알리는 학교 종이 울려 퍼짐과 동시에 은사님이 불렀다. 은사님은 교무실 밖 화단 앞에서 잠시 기다리라고 한 뒤에 바로 나오시어 내 앞에 서시었다.

그리고는 네 집이 대전여중 근처지? 대전여중 정문 아래 사거리 알지? 사거리에서 바로 오른 쪽 골목에 들어서 몇 발작 가다 왼쪽을 보면 큰 대문 달린 집이 보이지? 그 집에 이 편지를 좀 전해주고 오렴!

뛰어가다시피 해 그 집 앞에 서며 큰 대문을 몇 번 두드렸다. 잠시 후 "누구세요?" 라는 여자 목소리. 아무개가 사시는 집이냐는 물음에 그렇다는 대답과 거의 함께 "잠시 기다리세요!" 라며 대문을 향해 신발을 미처 신지 못하고 질질 끌며 달려오는 소리. 대문이 빠끔이 열리며 내미는 윤기 잘잘 흐르는 긴 검은 머리의 젊은 여자. 의아하다는 듯이 입과 눈을 크게 뜨며 쳐다보았다.

이**선생님이 이 편지를 전해드리라 해서 왔다며 편지를 전했다. 편지를 받아든 순간 내 머리를 쓰다듬으며 고맙다더니 점심을 먹고 학교에 갈 때 우리 집에 들려갈 수 없느냐고 묻는 말씀은 꼭 들려가라는 바람을 더 무겁게 실은 듯 했다.

점심을 서둘러 먹고 달려 가 그 큰 대문을 다시 두드렸다. 기다렸다는 듯이 "곧 나가요!"라는 소리와 함께 달려 나온 긴 머리 미모의 젊은 여자는 품고 나온 편지를 주며 "이 선생님에게 잊지 말고 꼭 전해드리라!"고 몇 번씩 당부하였다.

그로부터 얼마 후 이 선생님과 긴 머리 젊은 여인은 결혼을 했다. 나는 은사님의 연서를 전하고 답장을 받아 전하는 은사님과 은사님이 사랑하시는 따끈한 뜻을 실은 연서의 자랑스러운 배달부였나 보다.

은사님은 제자들과 한강변 드라이브를 하고 한식을 즐기고 집 앞에서 세 제자와 헤어지면서 "오늘 하루 바람 잘 쐬고 잘 먹고 좋은 경치도 많이 보았다."라 하시며 "먼저들 가라!"며 손을 흔드시며 서계셨다.

제자들은 '내년 새봄에 날씨가 풀리면 은사님을 또 다시 모시자!' 고 다짐하며 보람을 한 아름씩 안고 못내 아쉬운 발길을 돌렸다.

(2012. 1. 17)

# 四星장군 묘역은 어디죠?

지난 25일은 초등학교 은사님이 돌아가시어 6주기가 되는 날. 은사님은 보훈의 성지, 민족의 성역, 국립대전현충원에 안장되어 있다. 이 날 오후 아내와 함께 가을 햇살이 내려쬐이는 은사님 묘역을 찾아 참배, 영원한 안식을 빌고 외로우신 사모님의 건강을 지켜주시라고 빌었다.

참배를 마친 후 한 친지의 묘역도 참배하고 장군 제1묘역 아래, 주차장 옆에 있는 쉼터에 앉아 잠시 휴식을 취하며 은사님의 사랑과 은혜를 다시 생각하며 기렸다. 이 때 주차장으로 들어온 차에서 젊은 여자와 한 남자가 내렸다. 내린 남자의 손에는 조화가 들려있었다.

남자는 앞장을 서서 뛰어오르듯이 장군묘역으로 올라갔고 뒤에 여자가 따랐다. 추석을 앞두고 성묘를 온 가족으로 생각하며 음료수를 들 때 묘역으로 오른 것으로 안 남자가 조화를 든 채 서둘러 내려오더니 국가원수묘역이 있는 쪽으로 혼자 뛰듯이 갔다. 국가원수묘역에도 참배를 하려나보다고 여겼다.

잠시 후 되돌아 나오는 남자의 모습이 보여 장군묘역에서 국가원수 묘역까지는 상당한 거리가 있는데 참 빨리도 다녀온다며 혼자 생각했다. 이런 생각을 할 때 그 남자가 나에게 다가섰다. 반백에 주름진 얼굴의 그는 고개를 숙여 인사하고는 "사성장군의 묘는 어디에 있느냐?"고 물었다.

장군묘역 쪽을 가리키며 묘역 맨 위쪽에 사성장군의 묘역이 있다고 일러주었다. 그는 인사를 하고는 차에 함께 온 여자를 태워 묘역 위쪽으로 올라갔다. 얼마동안 쉼터에 더 앉아 있었으나 그 차가 내려오는 것은 보지 못했다.

사성장군 묘역을 찾아온 사람은 아마도 처음 묘역을 찾아온 모양이다. 이 참배객의 묘역참배를 보며 대전현충원이 언제 설립이 되어 오늘에 이르렀는지 갑자기 궁금해져 현충원 역사를 훑어보는 계기가 되었다.

일제침략과 6.25전쟁, 월남전 등에서 활약한 애국지사와 순국선열 및 호국영령을 추모하기 위한 국립대전현충원은 대전 유성구 현충원로 251번지 322만㎡의 부지에 문필봉을 祖宗산으로 옥녀봉을 主산으로 하고 계룡산을 太祖산으로 삼아 1985년 11월 13일에 준공되었다. 안장은 공사 중이던 1982년 8월 27일부터 시작되어 오늘에 이르고 있으니 안장 역사만도 벌써 30년이 넘었다.

현충원 역사를 훑어보며 9월의 현충인물로 박대환, 박석남 두 철도원이 선정되어 추모되고 있다는 사실도 처음 알게 되었다. 두 철도원은 1952년 6월 24일 군인과 경찰 군수물자 등을 싣고 대전을 떠나 목포로 가던 중 호남선 노령 남방 사거리를 통과할 무렵 무장공비의 습격을 받아 모두와 함께 전사했다.

박대환은 국립대전현충원 사병 1묘역 140묘판 25650호로, 박석남은 사병묘역 2묘역 134묘판 20071호로 각각 안장되어 있다. 이번에 알게 된 매월 현충인물의 묘역도 기회가 닿는 대로 참배하고 싶다.

집에 돌아와, 은사님 묘비 앞에 봉헌된 깨끗한 조화를 보며 사모님이 다녀가신 지 얼마 되지 않나보다고 느끼며, 참배소식을 문자로 전해드렸다. '현충원을 다녀 지금 서울로 올라가는 차 중'이라며 '은사님이 참 좋아 하시겠다'는 문자를 주셨다.

(2012. 9. 29)

# 6.25에도 소실 되잖은 문화재

몇 년 전 산수유가 만발한 이른 봄 자가용 여행길에 눈길을 끌었던 길게 누웠던 한 고택이 있다. 전라남도 구례군 토지면 오마리 103에 있는 중요 민속 문화재 8 — 雲鳥樓다. 운조루는 조선 중기 영조 52년(1776년)에 삼수부사를 지낸 유이주가 지었다는 것이다.

운조루가 들어선 곳은 산과 연못으로 둘러싸여 있어 金環落地라는 명당자리로 알려진 곳이다. 여행길에 운조루를 둘러보며 현판을 보고 머릿속에 생생하게 남은 기억의 하나는 전대미문의 동족상잔의 6.25라는 전란 속에서도 불타버리지 않고 남아있다는 의문스런 사실이었다.

6.25를 전후하여 피해가 심했던 지역은 지리산문화권이다. 지리산은 한국빨치산 메카로 이 일대부자와 양반들은 목숨과 재산을 지키기가 무척 힘들었던 곳이다. 다른 부잣집들은 집이 불타고 그 집안사람들이 총을 맞거나 대창에 찔려죽었다.

하지만 운조루는 이 지리산 문화권을 대표하는 양반부잣집이었는데도 죽은 사람도 없고 대저택은 불타지 않았으며 또 좌익들에게 특별히 고초를 겪은 일도 없었다는 것이다. 이렇게 운조루가 살아남을 수 있었던 까닭은 무엇일까?

법정스님 숨결(변태주 지음) '착하게 살라'코너에서는 他人能解라는 아름다운 정신의 팻말이 붙은 쌀뒤주와 노비들을 해방시켜주었기 때문이라고 그 까닭을 풀이하고 있다.

아흔 아홉 칸 집이라 불렸던 운조루 안채와 사랑채 중간 지점 헛간 같은 공간에 쌀 두 가마 반이 들어가는 쌀뒤주 하나가 놓여있었다. 그 뒤주 아래에 가로 세로 10cm정도 조그만 구멍이 나 있고 구멍을 열고 닫는 마개가 있다. 이 마개에 '타인능해'라는 글이 쓰여 있다. '어느 누구라도 마음대로 열 수 있다.'는 뜻으로 아무나 쌀을 가져갈 수 있다는 말이다.

집주인은 보통 열흘에 한 번씩 쌀뒤주를 채워놓았다고 여겨진다니 한 달이면 평균 일곱 가마 반이나 되는 쌀이 둘레 어려운 사람과 길손에게 제공된 셈이다. 한해면 어림잡아 백 가마에 가까운 양이다.

이 쌀뒤주로 인해 운조루 이름은 지리산 일대에 퍼져나갔다. 지리산 일대 5백리를 둘러 싼 이 길을 타고 운조루의 덕망은 영남일대 사람들 입에도 자연스레 오르내렸다.

6.25이전에 발생한 여순반란 사건 때 반란군 주모자 김**가 군경 추적을 피해 지리산으로 달아나며 둘레 많은 지주 집안사람들을 죽였지만 쌀뒤주 때문인지 운조루는 불태우지 않고 그냥 지나갔다고 전해지는, 쉽게 믿어지지 않는 사실이다.

운조루가 불타지 않은 또 하나의 원인은 한일합방이 되면서 1910년 노비제도는 없앴지만 여전히 주인집에 복속되어 있었으나 운조루에서는 1944년 노비들을 명실상부하게 해방시켜준 것이다.

6.25가 발생하자 이 노비 집안 일부 젊은 사람들도 좌익에 가담하여 지주와 부자들을 징벌하는데 앞장섰다. 하지만 행여나 운조루에 해를 입히려는 기미가 보이면 풀려난 노비 집안 후손들이 적극 나서서 운조루를 감쌌다는 것이다. '그 집엔 절대로 손대지 마라!'

몇 년 전 봄나들이 길에 품었던 6.25전란 속에서도 운조루가 불타버리지 않고 그대로 남아있다는 의문이 풀리는 꽃 잔치 화려한 화창한 봄이다.

(2012. 4. 18)

# 네 살 된 시민 헌납 공원

모임에 다녀오는 아내가 "우리 오늘 집에 가기 전에 국화전시회에 먼저 한번 다녀오지요?"하며 쳐다보았다. 아내의 긴급동의에 이론이 있을 수 없는 모두의 가을철 대표적 메뉴 국화전시회가 아닌가?

올가을에 접어들어 그간 기회 닿을 때마다 대전 근교를 중심으로 여러 번 국화와 코스모스를 찾아 꽃도 보고 가을바람도 쐬는 드라이브를 즐겼다. 야생의 국화와 코스모스를 만날 때는 더 없는 찬미와 탄성 박수도 보냈다. 그리고 된서리가 내리기 전에 자주 꽃구경 다니자고 다짐해 오던 터였다.

제3회 국화전시회가 열리고 있는 곳은 유성 시내 도심 속의 휴식 공간 유림공원. 공원을 찾은 때는 강렬한 햇살이 쏟아지는 한낮 늦더위가 기승을 부려 공원을 찾은 사람들은 저마다 색안경을 쓰거나 파라솔을 펴들어 또 하나의 가을철 이색 구경거리 그 자체였다.

지난 6일부터 시작된 유성 일원에서 펼쳐지고 있는 국화전시회에는 국화조형물과 화분 3만5천여 개가 전시되고 있으며 그 중 유림공원 안의 대형국화탑과 풍차, 에펠탑, 한빛탑, 한반도, 국화 벤치, 국화 터널, 온통 국화만으로 단장된 카페 등은 관람객의 눈길과 발길을 더 많이 끌고 있었다.

전시회를 찾은 시민들이 아침저녁에 즐기는 또 하나의 인기 품목은 유림공원을 출발, 카이스트 교내를 통과 성두산 공원 안을 지나 다시 공원으로 되돌아오는 걷기 코스다. 국화 향 가득한 가을 풍광 속에서 5km를 걸으며 저마다 건강을 다지며 소중한 추억 만들기에 아주 좋아, 많은 이들이 찾아 즐기는 것이다.

전시회가 열리고 있는 裕林공원은 대전의 한 시민 독지가가 사재 100억 원을 들여 조성해, 시민공원으로 헌납한 곳으로, 2009년에 문을 열어 이제 겨우 네 살 먹은 어린 공원이지만, 그간 많이 가꾸어져 시민들이 즐겨 찾는 곳이 되었다.

유림정이 서있는 半島지에는 천연기념물 고니, 그리고 물속에는 수많은 비단 잉어들이 헤엄치며 찾아온 시민들 앞에서 솜씨를 뽐내 보여 즐겁게 하고 있었다.

공원 안에 서있는 우산을 펴 들고 선 듯 한 명품 안면松들이 시민이 조성해 헌납한 시민공원으로 새로 이사와 지난 4년을 함께 하며 공원의 뿌리내림과 시민들의 사랑을 보며, 가을 하늘 아래 품위 있는 가을바람

춤을 추는 모습도 돋보였다.

그러나 무엇보다도 중요한 것은 시민이 헌납한 시민공원의 유지관리는 이제부터는 공원을 사랑하는 시민들의 몫이라는 사실을 국화전시회 관람을 통해서 확인시켜준 소중한 메시지로 여겨졌다.

(2012. 10. 14)

# 누나 마음 어머니 마음

지난 2002년 여름 연기 금남 큰 아들집에 사는 큰 누나로부터 전화가 왔다. "병원에서 퇴원한 후 그간 건강은 많이 회복되었느냐?" 고 물었다. "기동하기는 좀 어떠냐?" 고도 물었다. 누나는 기동하기가 원만하면 보고 싶기도 하니 한 번 다녀가라는 것이다.

며칠 후 아내와 누나를 찾아뵈었다. 누나는 집안 마당에 차를 세우고 내리는 나를 보며 신발도 채 챙겨 신지 않고 뛰어나왔다. 나를 끌어안고는 "그래 지금 몸은 좀 어떤 겨?" 라며 흐르는 눈물을 연신 닦아내며 내 얼굴을 손으로 몇 번씩 만져보고 쓸어내리고는 "어서 방안으로 들어가자."며 손을 잡아끌었다.

어릴 때부터 아버지의 사랑을 가장 많이 받았다는 누나는 갸름한 계란형 얼굴 모습이나 치마저고리를 입은 맵시, 그리고 말씨와 걸음걸이가 너무나 어머니를 닮았다는 말도 많이 들었다. 아버지는 누나가 해주는 음식이면 무엇이든 잘 드시고 '그 애 솜씨가 제 어미를 닮은 모양'이라며 은근히 자랑하길 아끼지 않았다.

그런 누나가 솜씨를 자랑하며 잔칫상처럼 차려 놓은 점심과 저녁을 참 맛있게 배부르게 먹었다. 지금도 그 날 먹었던 누나가 손수 담았다는 열무김치 맛, 열무김치를 넣어 밥을 비볐던 고추장 맛, 호박과 매큼한 풋고추를 썰어 넣어 끓였던 된장찌개 맛은 잊을 수가 없다.

하룻밤이라도 자고 가라는 누나. 누나는 며느리에게 "잘 먹는 열무김치와 고추장 된장을 바리바리 싸라."고는 쌀 때까지 기다리라고. 누나는 "그래 언제 또 올 겨?"라며 속옷을 뒤적이더니 주먹 안에 든 것을 아내에게 주었다. '애들이 다니러 오면 조금씩 주고 간 용돈'이라며 '맛있는 것 사서 쟈, 회복 보신 좀 시키라!'고.

그로부터 몇 달이 지났을까? 누나로부터 또 전화. "나 지금 청주 막내사위 집에 와 있는디 보고 싶으니 별일 없으면 나 있을 때 다녀가라!"는 것이다. 막내사위는 시내 요지에서 커다란 빵집을 하고 있었다.

'저의 집에 오셔서 좀 쉬셨다 가시라'는 막내 딸 집에 와서 머물면서 '외삼촌 빨리 회복시켜 드릴 것을 좀 해드리라!' 며 일부러 부른 것이다.

떠나 올 때 누나 막내 사위는 막 구어 낸 여러 가지 빵을 여러 상자에 넣어 싸주며 '또 오시라.'고. 또 그런 막내 사위에게 '외삼촌이 전화하면 원하는 빵을 만들어 빨리 보내드리라.'며 '내 말 잊지 말라!'던 큰 누나.

얼마 후 누나로부터 또 전화. "야, 난디 지금 둘째 놈 집(대전 태평동)에 와 있는디, 별 일 없으면 쇠꼬리 곰탕을 해놓았으니 와서 한 그릇 먹고 가라!"는 것. 저녁상 머리에는 일찍 퇴근한 둘째 며느리 내외와 두 손자 손녀 등이 모두 빙 둘러 앉아 쇠꼬리 곰탕 등 맛있고 푸짐한 저녁을 함께 했다. 잘 먹는 나를 본 누나는 둘째 아들에게 '외삼촌에게 가끔 해드리라.' 면서 며느리에게도 '알았냐?'며 확인하듯 쳐다보았다.

조치원 연기 금남 큰 아들 집에서 먹었던 누나가 담았다는 열무김치 된장찌개에 고추장을 넣어 썩썩 비벼 먹었던 비빔밥 맛, 청주 막내 딸 빵집 막내사위솜씨 빵 맛. 태평동 막내아들 집 쇠꼬리 곰탕 맛 등은 누나의 마음이었다. 곧 어머니의 마음으로, 자금도 입 안에 가슴에 여전히 살아있다.

어머니처럼 낭자를 틀고 비녀를 꼈던 예스런 누나, 그 모습이 또 보고만 싶다.

(2012. 9. 9)

# 그리운 선암사 매화

지난 16일 이른 아침 5시에 일어나 보던 책 '나의 문화유산답사기'를 보았다. 1997년, 나라에서는 그해를 '문화유산의 해'로 정하고 대대적으로 행사를 벌였다. 당시 **일보에서는 각계 인사들에게 '내 마음속의 문화유산 셋'이라는 릴레이 특집을 기획했다.

그때 책의 저자 유홍준이 뽑은 문화유산 셋은 한글과 백자, 그리고 산사였으며 산사의 대표적 예로 든 것이 순천 仙巖寺였다.

그 뒤 저자는 1995년 제1회 광주비엔날레준비에 참여하게 되어 외국인 커미셔너 네 명과 함께 주로 일을 하게 되었다. 그러나 문민정부가 들어서며 1980년 광주항쟁 이후 악화된 호남의 민심을 달래기 위해 급히 내놓은 정치적 목적으로 급조한 전시회는 시간에 쫓겼다.

전시회 1주일을 앞두고도 전시장 공사가 다 끝나지 않아 선정해 놓은 작품을 설치하지 못하는 커미셔너들의 걱정은 군 병력과 119구조대가 투입되어 산더미 같이 쌓였던 공사장 쓰레기처리와 청소는 귀신같이 해결되어 전시회는 차질 없이 개막되었다. 이들은 이 광경을 보고 '믿을 수 없다.'는 탄성을 연발했다.

걱정하던 개막식이 제 날에 무사히 치러졌다. 다음 날 아침 저자는 약속한 대로 외국인 커미셔너 네 명을 자기 차에 태우고 산사 중의 대표로 든 선암사로 출발 관광안내를 했다. 그리고 그들과 함께한 선암사 관광은 자신이 다니는 단골 식당에서 예약한 산채비빔밥을 먹은 여자 동행 커미셔너가 한 감사의 마무리 말로 막이 내렸다.

"감사합니다. 좋은 구경을 했습니다. 오늘 당신이 말한 '깊은 산속에 있는 깊은 절 선암사'의 아름다움을 마음껏 즐겼습니다."

이날 이른 아침 저자의 책을 보며 빨려 든 것은 '선암사의 사계절'이라고 쓴 글. 이 글은 혼자만 보기엔 너무 아름다워 함께 읽는 기쁨을 나누고자 옮겨보았다.

선암사는 1년 365일 꽃이 없는 날이 없다. 춘삼월 생강나무, 산수유의 노란 꽃이 새봄을 알리기 시작하면 매화 살구 개나리 진달래 복숭아 자두 배 사과 영산홍 자산홍 철쭉이 시차를 두고 연이어 피어난다. 그것도 여느 곳에서는 볼 수 없는 늠름한 고목에서 피어나는 것이기 때문에 감히 예쁘다는 말도 나오지 않는다.

그때가 되면 선암사는 열흘마다 몸단장을 달리한 것처럼 우리를 새롭게 맞이한다. 봄의 빛깔이란 어제와 오늘은 비슷해도 열흘을 두고 보면 확연히 다르다. 옛사람들은 화무십일홍이라고 했지만, 선암사는 열흘마다 다른 꽃을 선보이며 꽃이 지지 않는 절이 되었다.

신록의 계절에는 온 산이 파스텔톤의 연둣빛으로 물드는 것이 꽃보다 아름다운데, 백당나무 불두화는 주먹만한 하얀 꽃을 불쑥 내민다. 이때 계곡 한쪽에서는 산딸나무 층층나무의 새하얀 꽃이 청순한 자태를 조용히 드러낸다. 절 마당에서는 태산목이 연꽃봉오리 같은 탐스러운 하얀 꽃을 오늘은 이 가지 내일은 저 가지에서 한 달 내내 피웠다 떨어뜨린다.

이처럼 신록의 계절에는 나무 꽃이 하얗게 피어난다. 그러다 여름으로 들어서기 무섭게 오동나무는 보랏빛 꽃대를 높이 세우고, 자귀나무 빨간 꽃은 뼘을 재듯 가지마다 옆에서 뻗어 나온다.

여름이 깊어지면 배롱나무 꽃이 피기 시작해 장장 석 달 열흘을 위부터 아래까지 온몸을 붉게 물들인다. 그때가 되면 선암사 한쪽 구석에는 모감주나무의 노란 꽃, 치자나무의 하얀 꽃, 석류나무의 빨간 꽃이 부끄럼을 빛내며 우리에게 눈길을 보낸다.

봄이 나무 꽃의 계절이라면 여름은 풀꽃의 세상이다. 선암사 뒤안길 돌담 밑에는 봉숭아 채송화가 돌보는 이 없어도 해마다 그 자리에서 그 모습으로 잘도 피고 진다. 그러나 절 집의 꽃으로는 역시 가녀린 꽃대에 분홍빛으로 피어나는 상사화가 제격이고, 여름이 짙어 가면 삼인당 섬

동산은 빨간 꽃술의 꽃무릇으로 환상적으로 뒤덮인다.

가을은 은행잎이 떨어져 절 마당을 노란 카펫으로 장식하고 청단풍이 새빨갛게 물들어 갈 때가 절정이다. 가을이 깊어 가면 밤나무 상수리나무 굴참나무 떡갈나무가 온 산을 캔버스에 바탕색 칠하듯 차분한 갈색으로 뒤덮으며 들국화 구절초 쑥부쟁이 코스모스 감국이 여름 꽃의 바통을 이어받아 선암사 화단을 장식하면서 호젓하고 스산한 정취를 자아낸다. 가을을 심하게 타는 사람이 아니라 할지라도 이 계절 선암사에 오르면 누구나 여린 감상에 물들게 된다.

사람들은 겨울을 곧잘 삭막하다고 말한다. 겨울나무는 앙상한 나뭇가지만 남아 있다며 꽃피고 잎 돋던 그때와 비교하며 깊은 정을 주지 않는다. 그러나 선암사의 겨울은 그렇지 않다. 소나무 전나무 같은 늘 푸른 바늘잎나무야 우리 산천 어디서나 볼 수 있는 것이지만, 선암사는 한반도의 남쪽 끝자락 남해바다 가까이 있어 늘 푸른 넓은잎나무의 난대성 식물이 잘 자란다. 동백나무 후박나무 녹나무 태산목 팔손이나무 붉가시나무 종가시나무 호랑가시나무가 여전히 절마당 곳곳에서 초록을 빛내고 있다.

남들이 요란을 떨며 꽃을 피우고 열매를 맺고 화려한 단풍으로 자태를 뽐낼 때는 아무 일 없다는 듯 묵묵히 자기를 키워온 이들 늘푸른넓은잎나무가 윤기가 나고 두터운 사철 푸른 잎을 자랑하며 나무 전체가 꽃이라는 듯 우리의 시선과 마음을 사로잡는다.

아직도 남아있는 산수유나무 마가목 먼나무 호랑가시나무의 빨갛고 탐스러운 열매가 빛바랜 계절의 꽃처럼 행세하고 있을 때 벌써 한 송이 두 송이 피어나기 시작하는 빠알간 동백꽃이 겨울은 결코 무채색의 계절만이 아님을 말해준다. 이때 풀꽃이 사라진 쓸쓸한 화단 곳곳에서는 키 작은 남천의 빨간 잎, 열매가 빛의 조건에 따라 짙고 옅음을 달리하며 가녀린 맵시를 다소곳이 내보인다.

남쪽이어서 드물 것 같지만 선암사에는 눈도 많이 내린다. 눈 덮인 선암사 진입로 산자락을 뒤덮은 산죽밭의 모습은 환상의 겨울나라에서만 볼 수 있는 초록과 흰색의 향연이다. 내가 선암사에서 다른 것보다 이들 나무의 이름을 학생들에게 가르쳐주려고 애쓰는 것에는 나름대로 생각이 있어서이다. 이름을 알고 보는 것과 모르고 보는 것에는 너무도 차이가 많기 때문이다.

"선암사의 사계절 잘 보셨나요? 선암사의 최고의 볼거리는 무어니 무어니 해도 역시 꽃이래요. 그 중에서도 선암사를 대표하는 꽃은 매화이며 선암사 매화 중에서도 제일가는 것은 老梅 20여 그루가 줄지어 있는 무전과 팔상전 담장 길의 매화. 한쪽은 백매, 한쪽은 홍매. 매화가 만개하는 봄철이 되면 매화만을 보기 위해서도 선암사를 많은 사람들이 찾아간다고 하네요. 매화가 피어 향기가 그윽한 이 봄은 어떠세요?"

(2012. 3. 20)

# 따뜻한 손길들

지난 6일 연말을 앞두고 몇몇 친구들에게 작은 것이라도 보내기 위해 벼르고 벼르던 우체국을 찾았다. 우체국에서 포장을 하고 발송하기까지 손이 불편한 나에게는 시간이 많이 걸릴 것이기 때문에 무엇보다 안심할 수 있는 주차공간이 있는 우체국을 골라서 갔다.

큰 길 옆에 있는 우체국  커다란 유리문을 열고 들어섰다. 지팡이를 짚고 물건이 든 백을 들고 들어서는 나를 보며 우체국 직원 유니폼을 입은 여직원이 다가서며 "무엇을 도와드릴까요?" 라며 백부터 받아들었다. 몇몇 친구에게 작은 물건을 소포로 보내려한다고 하자 "대신 해드릴까요?"하는 그녀에게 감사하다며 맡겼다.

포장에 숙달한 솜씨를 보이는 여직원은 포장을 모두 끝내고 주소를 쓴 다음 자신이 먼저 건네준 주소메모에 맞춰 확인하고는 맞는지 다시 확인해보라고 했다. 이렇게 해 발송을 끝내기까지는 20여분 밖에 걸리지 않았다. 고맙다고 인사를 하자 여직원은 둥근 얼굴에 미소를 지으며 오히려 감사하다고 인사하는 그녀의 명찰을 보니 자랑스러운 로비 매니저.

이 날 오후 매일 직장 출근하는 것처럼 가는 복지관 목욕탕을 찾았다. 먼저 머리를 감고 몸을 씻은 다음 온탕에 몸을 담았다. 10여분이 지나서 나와 플라스틱 의자에 앉아 이를 닦고 면도를 끝내고 때를 닦을 때였다. 등 뒤에 다가선 초면의 30대가 등을 닦아주겠다고 해 내가 닦겠다고 했으나 잘 닦아드리겠다며 닦아주었다. 이에 그의 등을 닦아주려고 하자 자신은 이미 닦았나며 밝은 웃음으로 인사.

잠시 뒤 탕에서 나와 탈의실에서 그를 만났다. 놀라운 것은 등을 닦아주던 그의 오른 손은 의수였다. 다시 고맙다고 했더니 그는 오히려 자신이 감사하다며 탈의실을 나갔다.

목욕을 끝낸 후 체력단련실에 들러 얼마 간의 운동을 하고 돌아와 아파트 지하주차장에 주차하고 아파트 라인으로 연결되는 현관으로 걸어갈 때 나이 드신 경비 아저씨가 빠른 걸음으로 오며 택배물이 있다며 손에 든 것을 들어 보였다. 그는 내 차가 들어오는 것을 보고 무거운 것이라 힘이 들 것 같아 가져왔다기에 고맙다는 인사를 했더니 "아니 무얼요!"라며 바삐 돌아갔다. 우리 아파트 경비들은 수시로 배송된 택배 물건을 아파트에까지 가져다주어 내 가슴을 더 따뜻하게 해주었다.

(2011. 12. 20)

# 어린이날에 떠오르는 초등은사님들

지난 제89회 어린이날을 맞아 방송마다 다양한 특집 프로그램을 내보냈다. 이른 아침 하나의 특집 프로를 시청하며 문득 초등시절 몇몇 은사님들이 떠올랐다. 떠오른 세 은사님들은 모두 6.25전에 다니던 초등학교의 학년 담임을 하셨던 분들이다.

가장 먼저 떠오른 은사님은 5학년 담임을 하셨던 분이시다. 은사님이 먼저 떠오른 것은 국립대전현충원에 안장되신 지 5년째가 되시는 은사님의 묘역을 어린이날을 맞아 참배해야겠다는 생각이 들었기 때문이다.

은사님은 방과 후 어느 날 부르시어 풍금 치는 것을 배우지 않겠느냐고 물으시더니 수시로 풍금을 가르쳐주셨다. '바닷가에 모래밭에 수도 모를…'치도록 가르쳐주셨다. 처음에는 풍금을 치시며 옆에서 노래를 부르라 하시더니 풍금을 치게 하시고는 노래를 부르셨다.

그리고는 "너 풍금을 아주 잘 친다."며 칭찬하시고는 얼마 후부터 다장조 이외의 것 치는 법을 가르쳐주시겠다고 약속해주셨다. 그 후 북괴의 남침 6.25가 터지는 바람에 은사님과는 기약 없이 뿔뿔이 헤어지고 말았다.

우리 가족은 내가 혼자 집을 지킬 테니 빨리 피난이나 다녀오라는 아버지의 뜻에 따라 곧 피난길에 올랐다. 집을 떠나 며칠 후 이른 아침 경부선 구미역 앞 광장에서 노천 아침을 하게 되었다. 반찬이란 마을에서 얻은 산상 한 종시에 김밥 두 줄씩.

서둘러 김밥을 먹고 있을 때 역 광장 맨바닥에 앉았던 많은 청년 중에 한 사람이 우리에게 다가왔다. 멸공, 필승이라 붉은 글씨로 쓴 이마 띠를 두른 청년은 "야, 너 천규아니냐!"고 큰 소릴 치며 두 손을 높이 들었다. 초등 3학년 담임을 하시던 유**은사님이셨다.

은사님은 어머님이 깎아주는 참외 한 점을 드시고는 전쟁터로 가야 하신다며 무리에게 뛰어갔다. 잠시 후 은사님은 손을 흔들며 개찰구를 빠져나가셨고 은사님을 태운 열차는 무더운 여름 산야에 긴 기적소리만 뒤로 남기며 북으로 사라져갔다.

1950년 9월 28일 수복. 궁금하게 기다리던 학교에 갔다. 풍금을 가르쳐주시던 담임선생님은 해병대에 가셨다는 것이고, 구미역에서 뵈었던 3학년 담임은 전장에 나가자마자 전사하셨다는 것이다. 그리고 보이지 않으시는 2학년 담임이셨던 여 선생님은 마지못해 함께 살았던 북괴군

장교를 따라 북으로 가지 않겠다고 하여 총살을 당했다는 것이다.

전장에 나가자마자 전사하셨다는 3학년 담임선생님의 6형제 중에 5형제가 모두 전사했다는 놀라운 비보가 이어졌다.

해마다 6월이 오면 떠오르던 초등은사님들이 어린이날에도 떠오르는 것은 은사님들이 가슴에 심어주신 사랑이 더 큰 사랑으로 그리워지는 것이리라.

(2011. 5. 18)

# 비행기 타고 온 막걸리

지난 18일 약속한 점심 외식을 하러 나가던 참이었다. 아파트에서 지하주차장으로 연결되는 현관문을 열고 나가려다 카트를 끌고 들어오던 같은 라인에 사는 이웃 10층 부부를 만났다. 여행차림으로 보여 물었더니 제주도에 다녀오는 길이라며 부인은 활짝 웃고, 쳐다보던 남편은 평소와 같이 말 대신 미소만 지으며 목례를 했다.

내외는 들어가고 우리는 약속한 일행이 기다리는 지하주차장으로 나가 만났다. 외식을 하자는 일행은 이왕이면 우리가 가끔 즐겨 찾는다는 얼큰한 아귀찜 그 집에 한번가보자고 했다. 비교적 넓은 주차장과 넓은 홀을 갖춘 식당이지만 마침 점심시간과 맞물려 많은 손님들로 만원을 이루고 있었다.

일행이 먹을 수 있다는 대형 아귀찜 한 접시를 우선 시켰다. 얼마 후 나온 아귀찜은 생각했던 전의 것처럼 푸짐하지 않았다. 소개한 아귀찜 맛이 일행의 입맛에는 어떨지도 은근히 걱정스러웠다. 그러나 일행은

'얼큰한 게 입맛에 잘 맞는다.'며 걱정을 덜어주었다. 찜부터 먹은 다음 밥을 복아 먹으며 식탁 맞은 편 벽면에 붙은 알림에 눈길이 끌렸다.

'그간 모든 재료값이 모두 100% 이상 올라 부득이 값을 올리게 되었다.'며 고객들의 이해를 구한다는 것. 그러나 값이 오른 찜은 값만 오르고 내용물은 너무 부실해졌다고 느껴졌다. 그러나 그간 다닌 정과 다음 찾을 때를 생각하며 맛있게 잘 먹었노라고 여주인에게 인사.

일행과 헤어진 후 귀가해 잠시 휴식을 취하고 매일 오후에 다니는 복지관 체력단련장을 찾았다. 단련장은 평일과는 달리 운동을 하는 사람들이 별로 없었다. 아마도 많은 사람들이 농익은 봄의 부름을 받아 밖으로 나갔나보다. 러닝머신을 하고 있을 때 걸려온 핸드폰.

제주여행에서 돌아온 이웃 주부가 걸어온 것이다. 제주도에서 사온 제주도가 자랑하는 특산 조 껍데기 술을 가져다주려고 하는 데 집에 있느냐고 묻는. 운동을 마치고 지금 막 집에 돌아왔다고 알렸다. 잠시 후 현관문 인터폰이 울렸다. 커다란 비닐봉지 하나를 들고 들어온 주부는 가져온 것을 하나하나 꺼냈다.

제일 먼저 내놓은 것은 이른 봄부터 많이 채취한 민들레와 구절초뿌리를 함께 섞어 만들었다는 아주 귀한 액즙 한 병. 주부는 액즙이 진한 만큼 물에 조금씩만 섞어서 매일 열심히 들어보라며 남편도 즐겨먹어 효과를 보고 있다고 덧붙였다.

언젠가 내가 '저녁에는 막걸리 한 잔씩을 즐겨 마신다.'고 한 말이 주부의 귀에 늘 쟁쟁해서 사왔다는 제주도가 자랑하는 '조 껍데기 술' 술병을 내놓으며 맑은 술은 독해서 대신 막걸리로 사왔다고 설명.

이밖에 제주 '고등어의 살'과 봄철 입맛 돋우는 제주 자연산 향 좋은 산 두릅도 내놓았다. 일반 시장에서는 사려해도 좀처럼 사기 힘든 산 두릅이라 아내는 빨리 데쳐 줄 테니 초고추장에 찍어 안주해서 제주도에서 비행기 타고 온 그 '조 껍데기 술' 막걸리 한 잔을 마셔보라고 했다.

두릅을 다듬어 데쳐낸 아내는 몇 년 전까지만 해도 봄철만 되면 시골 자기농장에서 따온 것이라며 두릅을 비롯해 이것저것 가져다주던 이웃이 생각난다며 데친 두릅과 제주 고등어의 살, 삼천포에서 사온 건어물 두어 가지와 청태, 골파 무침 등을 조금씩 나눴다.

결혼기념일을 맞아 제주도에 기념여행을 다녀오고 싶어 하던 내외는 매일 새벽출근을 하는 큰 아들(벤처기업 CEO)이 남긴 메모를 보고 꿈꾸던 4박5일간의 여행을 마치고 무사히 돌아왔다는 것이다.

메모에는 '두 분이 가셔서 주무실 호텔과 좋아하시는 드라이브도 마음껏 하시며 제주도 풍광을 즐기실 수 있도록 렌터카도 다 예약을 해놓았습니다. 어머니 아버지, 아무 걱정 마시고 잘 다녀오세요!'

(2011. 4. 27)

# 청기야, 옛 따 깡개!

5살 때 시골에서 이사 나온 나는 근 70여 년 전 대전 여중 정문 앞쪽, 대전 대흥2동 남들이 이야기하는 기와집 동네에서 초중고를 졸업할 때까지 살았다. 정남향인 우리 집 왼쪽에는 대흥초등학교 같은 학년에 다니던 여학생이 살았고, 오른쪽에는 같은 학교 한 학년 아래 남학생이 살았다. 여학생의 아버지는 언제나 하얀 한복차림, 남학생의 아버지는 언제나 말끔한 신사복 정장차림이었다.

집과 집 사이는 다 무너진 판자 담이 덜렁이며 경계를 이루고 있었다. 우리는 그 때 여학생 집은 감나무집, 남학생 집은 대추나무집이라 구별해 불렀다. 골목길은 흙길에, 하수도 수체에는 붉은 실지렁이 떼가 꿈틀거렸다.

왼쪽 집의 내 동창생 여학생 아버지는 지금 대전 중앙시장에서 큰 포목점을 했으며 3남3녀를 둔 일가 8명의 다복한 가정이었다. 오른 쪽 후배 남학생 집은 아버지가 부산에서 무슨 기계상을 크게 하느라 대전과 부산을 자주 오가는 1남3녀를 둔 재력을 자랑하는 6명의 가정이었다.

여동창생 어머니는 수시로 어머니와 나를 집으로 불러 때로는 밥을 주고 때로는 먹어보기 힘든 먹을거리를 내놓으며 "청기야, 많이 먹어라!"며 "청기 엄니도 많이 먹어!"라고 했다.

여동창생 어머니는 수시로 다 무너진 판자 담 너머로 등교하는 나를 불러 다가서게 하고는 "청기야, 옛 따 깡개!"라며 둥글게 뭉친 누룽지 덩어리를 주며 학교 가는 길에 먹으라며 손을 흔들며 웃어주었다.

오른 쪽 집 후배 남학생 어머니도 가끔 "청기야!"라며 불러서는 "저녁에 집에 꼭 놀러오라!"고 했다. "**아버지가 부산에서 먹을 것을 많이 사 왔다."며 와서 함께 먹자는 것이다. 어느 날 갔을 때는 보기도 힘든 귤을 많이 사와서 많이 먹으라고 해 모처럼 귤 맛을 즐긴 일이 있다. 이밖에도 민물고기 회를 좋아하던 아저씨는 부산출장 길에서 돌아오면 민물회를 즐기는 바람에 민물고기 회도 여러 번 맛보았던 일이 생생하다.

중학생 시절, 후배와 함께 특별활동 사진반에 들었으나 사진기가 없어 활동을 할 수 없을 때인데, 후배의 부모님은 사진기를 함께 쓰라며 기꺼이 허락해 주어 즐겁게 사진반원의 한 사람으로 활동하던 일도 어제 일만 같다.

고향에서 대전으로 이사와 얼마 되지 않았을 때 여자 동창생의 둘째 오빠가 나를 촌뜨기라고 골려대 두들겨 팼다가 그 형에게 뺨을 얻어맞기도 한 일이 있다.

그런데 참 묘한 일. 훗날 여자 동창생의 큰 오빠와 나를 골렸던 둘째 오빠는 고등학교 5년, 1년 선배로 다시 만나는 동문이 되었다. 여 동창은 소꿉장난 하던 내가 업어준다고 하다가 그만 앞으로 넘어져 무릎을 다치는 바람에 이렇게 보기 싫은 상처가 났다고 보여주며 지금도 밉지 않은 흰 눈을 흩긴다.

가끔 대흥동 살던 집 자리가 생각나 찾아보나, 살던 동네, 살던 기와집들은 한 채도 없이 사라졌다. 그러나 그 자리만은 그대로 제자리에 남아있는 오늘이다.

여 동창 어머니가 나를 부르던 따뜻한 목소리, "청기야, 옛 따 깡개!"는 쟁쟁하게 오늘 다시 재생되어 크게 들려오는 것만 같다.

* 두 동창생 어머니는 나 '천규'를 를 '청기'라 불렀다.

(2011. 3. 2)

# 정월 대보름을 앞두고

이른 새벽 화장실을 오가며 밤새 마실 온 새해 정월 달빛이 방안에 가득한 것을 여러 번 보았다.

이날 오후 유성구 장애인 종합복지관 체력단련실을 찾아 한 시간여에 걸친 운동을 마치고 나오려할 무렵 핸드폰이 울렸다. 사는 아파트 같은 라인 10층에 사는 주부의 귀에 익은 목소리. "지금 집에 계시느냐?"고 묻는. 막 운동을 마치고 집에 가려는 중이라며 웬 일이냐고 물었다.

나물 무친 것이 좀 있는데 가져다 주려한다며 "나물무침을 좋아하시는 것 같은데 저녁에 밥 비벼 드시면 좋을 것 같다."고 했다. 얼마 후 휴대폰으로 귀가를 확인한 주부는 "지금 나가실 일 없으시죠?" 라며 바로 올라오겠다고 했다. 잠시 후 마리아가 나가 주부를 맞아들였다.

주부는 검은 큰 비닐봉투에서 가져온 것을 하나하나 꺼냈다. 커다란 플라스틱 박스 안에는 10 여 가지 나물 무침이 칸칸이 보기 좋게 놓여 비닐에 덮여 있었다. 또 다른 플라스틱 한통에는 새로 담갔다는 나박김치, 그리고 비닐봉투에는 잘 튀긴 다시마가 들어있었다.

정월대보름을 앞두고 서울에 다녀올 참이라는 주부는 나물 넣고 밥을 비빌 때 바삭거리는 다시마를 넣어 함께 먹으면 더 맛이 있다고 덧붙였다. 주부는 지난번 설을 앞두고 나박김치와 깍두기를 새로 담아 김장 배추김치를 커다란 플라스틱 통에 넣어 가져와선 설 잘 쇠시고 복 많이 받고 건강하게 오래오래 살기를 바란다는 새해 인사를 했던 우리 음식 솜씨가 좋은 바로 그 장본인이다.

정월대보름 나물 무침 등을 받은 아내가 고맙다는 인사와 함께 우린 만들어 줄 것이 없다며 우리까지 신경 쓰지 말아달라고 했다. 이에 큰아들 내외와 함께 사는 주부는 둘째아들과 인천에 사는 딸집에 가는 길에 가져다주려고 만든 것에서 조금 나눠드리는 것이라며 '다른 집은 몰라도 드리고 싶어 가져다 드리는 것'이라며 아무런 부담을 갖지 말아달라고 두세 번씩 다졌다.

지난 해 큰 수술을 마친 중증의 남편을 간병하며 어려운 나날 속에서도 모처럼 남편과 동행하는 나들이 길에는 설악산을 찾아 산내 사찰들을 찾아 함께 참배하고 돌아오려고 했었다는 주부는 동해안 폭설로 다른 나들이를 해야 할 판이라며 몹시 아쉬워했다.

8남매를 둔 시댁의 맏며느리로 들어간 주부는 그 남매들 모두 다 키워내고 시집 장가 다 보내고 2남1녀 모두 장가 시집 보낸 자랑스러운 가정주부다. 주부내외와는 지난 해 6월 통성명이나 하며 지내자고 첫 모임을 가진 후 이사 온 아파트의 새 이웃으로 정의 첫 다리를 함께 놓아 오가며 오늘에 이르고 있다.

이번 정월 대보름달이 이 다리 위에 떠서 더 밝았으면 참 좋겠다.

(2011. 2. 16)

# 하지 앞두고 찾아본 청보리밭

초여름에 들어선 요즘 우리는 재래시장을 찾아 보리쌀과 햇감자를 자주 사는 편이다. 이때가 되면 입에 밴 구수한 보리밥과 찐 햇감자 맛이 더 그리워지기 때문이다. 숭덩숭덩 썬 햇감자와 많은 대파를 넣어 얼큰하게 끓인 육개장에 구수한 보리밥과 함께 먹는 맛이 그리워서이다.

지난 5일 연휴 이틀째를 맞은 날 전날 서울에서 내려온 녀석이 육개장에 보리밥을 곁들여 점심을 하며 고창 청보리밭 이야기를 하더니 내일 오후에는 올라가야 한다며 오늘 청보리밭 구경을 다녀오자며 시동을 걸었다.

오후 1시반경 유성TG를 통과 호남고속도로에 들어서 남쪽으로 내려갈수록 대부분의 논이 모내기를 거의 끝내고 빠른 논에서는 벌써 땅 냄새를 맡은 모가 검푸르게 자란 모습을 보여줬다.

처음 들어간 이서 휴게소 한 지붕 아래에서는 대학병원 중환자실에 입원 중에 있는 어린 딸의 치료비 마련에 따뜻한 손길을 기다리는 40대 남자의 애잔한 기타 연주와 노래에 한 젊은 주부가 냉커피 한잔을 놓고 목례를 하며 지나는 모습이 클로즈업되었다.

차 안 CD에서 흘러나오는 피아노 반주에 바이올린 연주로 봉선화 등 가곡들을 즐기며 달릴 때 정읍녹두장군휴게소 진입을 알리는 입간판이 눈에 들어왔다. 이어 정읍IC를 지나 정읍TG를 통과한 시간은 오후 2시 45분, 출발해서 1시간 15분간 달린 셈이다.

다음 눈앞에 우뚝 나타난 것은 고창 복분자 푸드페스티벌이 6월 10일부터 12일까지 열리는 것을 알리는 꽃과 같은 천연색입간판. 고창읍에 들어서는 길 양옆 가로수는 적당한 키로 싱싱하게 자란 조선소나무 가로수들이 눈길을 끌며 '맛과 멋, 풍류 역사의 숨결이 느껴지는 고창'의 분위기를 생생하게 자아냈다.

오후 3시 15분 고창읍성 주차장에 도착. 고창군립미술관과 세계무형문화유산 판소리박물관을 거쳐 유비무환의 살아있는 상징! 고창읍성에 닿았다. 입구 오른 쪽에는 작은 돌 하나씩을 머리에 이고 성을 도는 세 부녀들의 검은 돌 석상이 서 있다. 한 바퀴 돌면 다릿병이 낫고 두 바퀴 돌면 무병장수하며 세 바퀴를 돌면 극락 승천한다는 전설을 가슴에 품고.

고창읍성 안에 들어섰을 때 읍성 높푸른 하늘 위에 날던 행글라이더의 모습은 왜적의 침입을 막기 위해 조선 단종 원년 1453년에 전라도민들이 합심, 유비무환의 슬기로 축성한 자연석 고창읍성성곽이 지닌 자랑스러운 참뜻을 보훈의 달 6월에 되살리자는 몸짓과도 같았다.

읍성에서 나와 좁고 양장과도 같은 초행 좁은 밭두렁 길을 네비의 안내로 30여분 달렸을 때 저만치 마치 첫 서리 맞아 누렇게 물든 넓은 잔디밭 같은 들판이 펼쳐졌다. 이 누런 들판이 지난 봄 싱그러운 초록의 드

넓은 청보리밭을 이뤄 전국의 많은 사람들이 즐겨 찾았던 바로 고창읍 공음면에 자리한 바로 그 고창청보리밭의 초여름 오늘의 모습이었다.

내려쬐는 유월 따가운 햇볕 아래 하늘과 맞닿은 30여만 평의 넓은 보리밭 사이사이에 내놓은 길에는 연휴 이틀째를 맞은 가족들, 연인들, 사진작가들, 자전거하이킹을 즐기는 사람들이 메워 누렇게 익어 곧 수확을 앞둔 보리가 서걱거리며 추는 보리들의 군무와 노래를 함께 즐기고 있었다.

보리밭 곳곳에 연결되어있는 앰프에서는 피아노와 바이올린 등으로 연주되는 엘리제를 위하여 능 귀에 익은 노래들이 계속 흘러나와 보리밭을 찾은 사람, 찾아온 사람을 구경하는 보리도 함께 즐겁게 했다.

황금보리밭과 한 시간 남짓 즐기고 석양 놀이 물들기 시작하는 고창청보리밭 입간판 앞에서 황금보리밭과 석양을 배경삼아 빙빙 도는 청홍바람개비도 넣어 기념촬영을 하고 소금을 뿌려놓은 듯 새하얀 메밀꽃이 출렁일 가을철에 다시 한 번 찾아오기를 기약하며 아쉬운 발길을 돌렸다.

돌아오는 길에 대한민국근대문화유산으로 등록되었다는 소문난 고창읍내 한정식전문식당 **관에 들러 정갈한 저녁을 맛있게 들었다. 어둠이 깔리기 시작하는 고속도를 달리는 차안에는 **관에 은은하게 울려퍼지던 이문세의 '가을이 오면'과 거문고 청아한 소리가 다시 흐르는 환청에 빠졌다.

(2011. 6. 8)

# 보훈산책로를 아시나요?

며칠 전 친구 내외로부터 오는 토요일 오랜만에 만나 얼굴이나 보며 점심이나 하고 싶은데 시간이 어떠냐고 묻는 전화. 그렇지 않아도 그날 아침 커피 한잔을 나누며 내외를 만난 지도 꾀 오래됐다며 가까운 날에 점심이나 함께 했으면 했었다. 그러니 답은 물어보나마나 ok!

만나기로 약속한 지난 17일 오전 11시 반께 친구로부터 전화. 조금 전 우리가 사는 아파트 지하주차장에 도착했으니 빨리 내려오라는 것. 11시께부터 외출차림을 마친 우리는 빨려나가듯이 주차장으로 내려갔다. 만나자마자 우선 반가운 악수부터 나누었다.

어디로 가서 무얼 먹을 까는 쉽게 정해졌다. 친구 부인은 국립대전 현충원에 있는 보훈산책로를 먼저 산책하고 점심을 하는 것이 어떻겠느냐고 했다. 얼마 전 남편과 처음으로 보훈산책로를 걸은 적이 있는 친구 부인은 남편이 산책로를 걸을 때부터 우리에게 꼭 소개하고 싶어 했다고 덧붙였다. 소개하고자 한 보훈산책로는 다양한 나무 숲 아래 나무톱

밥이 깔린 평지와 다름없는 산책로라서 우리가 걷기에 힘도 안 들고 위험도 없을 것이라고 여겼다는 설명까지 빼놓지 않았다. 이렇게 고마울 수가!

12시께부터 두 쌍이 걷기 시작한 산책로는 국립대전현충원 민원안내실 앞, 길 건너 제1보훈산책로부터 제3산책로까지 연결되는 3.8km구간으로 1시간 산책 코스며 지난 7월에는 제4단계 보훈산책로와 현충원 전체순환길이 완공 개통된 둘레길로 연결된다.

산책로에 들어서니 대나무숲길, 징검다리길, 밀립한 키다리 적송나무숲과 해송나무숲 잣나무가 시원한 나무 그늘을 이루어 늦더위를 느끼지 못하게 했으며 간간히 나무숲을 뚫고 쏟아지는 가을햇살은 산책길의 단맛을 더해주었다.

가는 길에 만나는 사람들 대부분은 아는 이웃이라도 만난 듯이 반기며 "안녕하세요!"에 미소까지 실어주어 산책길은 한결 더 즐거웠다. 걸으며 특히 눈에 띈 것은 숲을 쏜살같이 누비며 잣을 까먹는 청솔모는 사람과는 친숙해진 듯 피하지도 않고 곡예사처럼 이 나무 저 나무를 오르거나 옮겨 다녀며 부지런히 새로운 잣을 찾아다니는 귀여운 모습이었다.

산책로를 오가는 동안 현충원 경내에는 그리운 고향과 어린 시절을 떠올리는 아름다운 노래 연주가 앰프를 통해 끊이지 않고 잔잔하게 울려 퍼져 현충원 분위기를 한결 더 경건하게 해주었다.

'나의 살던 고향은 꽃피는 산골…'
'내 고향 남쪽 바다 그 파란 물이…'

산책로 가는 오른 쪽 옆길 따라 죽 이어진 묘원에는 찾아온 유족들의 모습이 청명한 가을 하늘 아래, 형형색색 아름다운 조화와 함께 추모의 발길이 끊이지 않아, 1985년 준공된 보훈의 성지인 국립대전현충원이 민족의 성지임을 다시 한 번 일깨워주었다.

(2011. 9. 20)

# 사라진 살구나무

연기군 금남면**에 있는 집안 누님 큰 아들 내외가 사는 집으로 전화를 했다. 17일 낮에 집으로 전화를 여러 번 해도 통화를 할 수 없었다. 다음 날 또 전화. 마침내 통화를 할 수 있었다.

그간 찾아뵙지도 못해 죄송하다는 조카며느리에게 요즘 농번기에 얼마나 바쁘냐고 물었다. 아침 6시면 논밭에 나가 밤 8시 반이나 9시에 집에 들어온다며 눈코 뜰 사이 없다고 했다. 조카며느리는 점심때면 집에 들어와 점심을 한 후 잠시 쉬며 한낮 더위를 피한다며 무슨 일이 있느냐고 물었다.

다름이 아니라 조카며느리가 담근 묵은 김장김치와 된장 고추장이 있으면 조금씩 얻어오고 싶다고 했다. 큰 조카며느리는 음식 솜씨 뛰어났던 누님의 솜씨를 그대로 이어받았는지 며느리가 담근 그 김치 된장 고추장을 먹어보는 사람마다 '시어머니의 음식 솜씨를 그대로 잘 이어받았다.'는 찬사를 듣고 있다.

며칠 전 유성 5일장에 나갔다가 할머니가 조선 콩으로 손수 만들었다는 두부를 한 모 사오며 갑자기 부글부글 끓는 두부 된장찌개 생각이 났다. 된장두부찌개 맛이 된장 맛에 달린 것은 삼척동자도 다 알만한 상식. 서둘러 종종 가져다 먹던 누님의 그 된장 그 맛이 생각났다.

그래서 조카네 집을 찾은 것이다. 사연을 들은 조카며느리는 영광이라며 된장 등 세 가지를 큼직한 플라스틱 그릇에 각각 나눠 가득 담아주었다. 조카며느리가 담는 동안 마당 앞에 서있던 살구나무 두 그루가 보이지 않는다며 어떻게 된 일이냐고 물었다. 옆에서 살구나무 이야기를 듣고 있던 조카가 가슴에 품어왔다는 듯이 사연을 털어놓았다.

살구나무 아래에 있는 이웃집에서 살구나무에서 떨어지는 꽃잎 벌레, 살구 낙엽 때문에 더럽고 귀찮다며 그동안 몇 번씩 없애주길 은근히 끈질기게 바라왔기에 올 봄 살구꽃이 피기 전에 서둘러 두 그루 다 아예 베어내게 됐다며 서있던 빈자리를 가리켰다.

조카가 어릴 때부터 마당 앞에서 자라며 지난 수 십 년간 봄이 오면 화사한 살구꽃으로 동네마을을 수놓고 살구가 익을 때는 이웃 간에 정을 나누게도 해주던 그 살구나무가 누님내외 세대가 돌아가신 후 흔적도 없이 사라져버린 것이다.

시골에서 아래 위에 사는 이웃 간에 그럴 수가 있느냐? 고 하였더니 조카는 '그건 다 예전 이야기!'라며 검게 탄 전형적인 농부의 얼굴에 쓴 웃음을 지어 보였다.

그는 '하도 허전하여 복숭아 밭 한쪽에 살구나무와 매화 앵두 등의 많은 묘목을 심어 놓았다.'며 '꽃이 피고 열매가 열리면 부모님 영전에도 반드시 알려드리겠다.'며 산 너머 복숭아 밭쪽을 쳐다보았다.

누님이 살아계실 때 익은 살구를 따먹어도 좋으냐고 이웃에서 담 넘어 물어오던 목소리에 "아이고 별걸 다 묻네. 그 집 울안에 뻗은 가지에 열린 살구는 모두 다 따먹어!"라던 그 목소리가 멀리서 되살아 들려오는 듯하다.

시골에서도 예전처럼 이웃 간에 새로 담근 김장김치 된장 고추장 음식 등을 맛 좀 보라며 담 너머로 서로 오가던 풍경은 흘러간 흑백영화의 한 장면이 된 모양이다.

(2010. 6. 30)

# 아들 전화번호

기일을 맞아 공주 장기로 장인어른 유택을 찾아 성묘하며 영원한 안식을 빌었다. 성묘를 마친 일행은 모두 처형 시골집으로 가 떡국으로 점심을 한 후 다과를 들며 생전의 장인 장모이야기를 하며 추모하는 시간도 가졌다.

처형 내외는 구덩이에서 막 꺼낸 싱싱한 무와 배추, 텃밭에서 뜯어온 시금치 등을 바리바리 싸주며 언제든지 와서 더 가져가라며 따뜻한 정도 함께 실어주었다.

다과를 들며 처음 들은 충격적인 이야기가 돌아오는 길 내내 머리에 맴돌았다. 큰 동서가 새해 들어 며칠 전 계룡산 서쪽 아래 동네에 사는 친구의 초청을 받아 친구들과 함께 그곳에 갔을 때 듣고 왔다는 처절한 이야기다.

이야기의 주인공은 친구의 동네가 고향이었던 중앙정부에서 장관과 지방장관을 역임해 전국에 널리 이름이 알려졌던 사람. 금슬을 자랑하던 그는 중병을 얻어 고생하던 부인과 끝내 사별하는 아픔을 겪었다. 몇 년 후 그를 아끼는 사람들의 끈질긴 권유로 과년한 '처녀 교수'와 재혼을 하게 됐다.

그러나 재혼 후 그의 가정에는 생각하지도 못한 파열음이 가족 간에 일기 시작했다. 첫 파열음은 새 어머니와 전처소생 아들들과 사이에 이어지는 가내 불화. 아들들은 아버지에게 새 어머니를 어머니로 도저히 모실 수 없다며 헤어지길 간곡히 바라게 되었다. 그러는 중에 어느 날 놀라운 일이 일어났다. 새 어머니는 결혼 후 모든 재산의 명의를 자신 앞으로 돌려놓더니 그것을 몽땅 처분해서 아버지를 버리고 행방을 감춘 것이다.

이 후 아들들은 아버지를 더 이상 보지 않겠다며 부자관계 단절을 선언하고 동거는 물론 내왕도 끊었다. 홀몸이 된 아버지의 불행한 여생은 이때부터 가속적으로 가중되었다. 그러던 그가 중병을 얻었다더니 얼마 후에는 그의 부음이 지방에 돌았다.

아무도 돌보는 이 없이 신병을 얻어 고향에 돌아온 그는 따뜻한 고향 친구와 그들의 자식들이 마련해준 컨테이너박스에서 최후를 맞았다며 동서는 혀를 끌끌 찼다.

이 이야기를 들으며 유성의 한 원 룸에서 사는 할아버지(71)가 생각났다. 캐나다에서 살다 귀국해 유성에서 사는 할아버지는 8년 전 할머니와 사별한 후 홀로 살고 있다. 어떤 사연인지는 모르나 대전에 사는 아들과는 함께 살지 않고 있다.

할아버지는 초 중등 학생 가정을 방문하여 영어를 가르치며 산다. 중학 1학년과 초등 5학년 두 아들의 영어 교육을 부탁한 한 주부는 매일 저녁 6시부터 집으로 와 두 시간씩 가르치고 돌아가는 할아버지의 저녁이 궁금해졌다.

할아버지는 식사를 김밥 집으로 가 먹거나 사다가 해결한다고 했다. 주부는 교육이 끝난 후 온가족이 함께하는 저녁 자리에 할아버지 숟가락 한 벌을 더 놓았다. 할아버지는 아주 오랜만에 집에서 먹던 밥맛으로 저녁을 잘 먹었다며 몇 번씩이나 고맙다는 인사를 했다. 그 후 주부는 할아버지를 종종 모시고 가족과 함께 하는 저녁자리를 차려오고 있다.

어느 날 할아버지를 보내드리고 들어온 남편이 할아버지가 주고 간 편지라며 내놓았다. 편지에는 "아들 전화번호, *** — ****"라고만 적혀 있었다.

편지를 다 읽어보고 궁금해 하며 쳐다보는 부인에게 남편은 할아버지가 부탁한 말을 전했다. "미안하지만 부탁 하나할 게. 내게 무슨 일이 있으면 이 편지에 아들 전화번호를 써 놓았으니 전화 좀 꼭 해줘!"

(2010. 3. 3)

# 수녀님이 찾아준 수녀님은

풍성한 추석을 보내라며 추석 축하메일을 주셨던 수녀님으로부터 추석 다음 날인 23일 오후 반가운 이메일이 왔다. 수녀님은 지난여름 휴가 때 대전에 사시는 자당님을 찾아 내려오셨을 때 만날 기회가 있었던 분이다.

수녀님의 여름휴가가 시작되는 첫 날 8월 22일 오전에 내려오신 수녀님을 맞아 점심을 함께하며 그간의 이런 저런 이야기를 나누게 되었다. 그 중의 하나가 근 20년 전 다니던 성당에서 처음 뵌 인연의 원장 수녀님을 뵙고 싶은데 소재를 알 수 없다고 우리 내외는 호소했다.

그 때 수녀님은 우리가 뵙고 싶어 하는 수녀님 관련 사항을 확인메모하며 '찾아보면 틀림없이 찾을 수 있을 것'이라며 한번 찾아보겠다고 약속했었다.

수녀님은 이번에 보내온 메일에서 지난여름 만났을 때 메모해간 것을 그만 잃어버려 안타깝다며 그 수녀님에 대해 아는 것 모두를 다시 한 번 알려주면 좋겠다고 했다. 곧 바로 답하는 메일을 보내며 무슨 좋은 소식이 곧 있을 것만 같은 예감이 자꾸 들었다.

전형적인 가을 날씨를 보인 다음 날 우리는 그동안 추석물결에 밀려 미루어오던 성묘를 다녀왔다. 집에 들어서자마자 어제 보낸 메일에 대한 그 후 소식이 궁금해서 컴퓨터를 열어 보았다.

메일을 받은 후 수녀님은 우리가 찾고 있는 수녀님의 소재를 확인, 현재 몸담고 있는 곳과 핸드폰전화번호까지 메일로 알리며 지금 그 번호로 전화 한번 해보라는 기쁜 소식을 보내주었다.

마리아는 반가운 마음, 설레는 가슴으로 전화를 걸었다. "하나 물어 보겠는데요. 그 전화 김***수녀님의 전화가 맞나요?" 이에 "맞는데요?…" "수녀님 좀 바꿔주시겠어요?" "전데요. 누구신데요?" "네?! 수녀님이세요? 저는 대전의 김***예요!" "아, 김 ***씨?!"

이와 같은 통화를 한 시간은 9월 24일 오후 3시 반부터 약 10분간. 첫 통화는 근 20여 년 전 처음 만나며 맺어진 인연을 다시 이어주는 가벼운 흥분 속에 작은 감동으로 이루어졌다.

수녀님은 자신도 팔순이 가까운 몸이시면서 대구에 있는 한 영성의 집에서 병약하고 나이 드신 수녀님들을 지극정성을 다해 봉양하며 바쁜 봉사의 나날을 보람 속에 살고 계신 것이다.

다니던 성당에 아직 그대로 다니고 있느냐는 물음에 이사한 곳에서 유성성당에 다닌다고 답하는 순간 갑자기 생각이 났다. 수녀님이 함께 계셨던 성당 주임 신부님 바로 그 분이 유성성당주임신부로 계신다고 했더니 "그래요?! 그래 신부님은 안녕하세요?" "건강하셔야할 텐데…." 라며 건강을 걱정하였다.

26일 주일 새벽 미사에 참례한 후 만난 주임신부님께 수녀님이 신부님 건강을 제일 먼저 묻고는 건강하셔야한다고 전했더니 "팔순이 가까우실 수녀님이 건강하셔야할 텐데…."라며 수녀님과 같은 걱정이었다.

대전에 오실 기회에 연락을 주시라 했더니 시간을 내기가 좀처럼 어렵겠다던 수녀님은 대구로 찾아가도 (봉양해야하는 수녀님들 때문에) 시간을 낼 수가 없기는 마찬가지일 거라며 양해를 구했다.

그러나 수녀님은 "기도 중에 늘 두 분을 기억하고 있다."며 건강하길 바란다고 했다. 우리도 그동안 해오던 것처럼 수녀님의 건강을 빌 것이다. 그리고 가끔 안부 전화라도 드리며 수녀님의 따뜻한 목소리를 라이브로 듣는 기쁨을 간직할 것이다.

* 수녀님을 찾아주신 수녀님은 성 바오로딸 수도회 소속이고, 찾은 수녀님은 대구포교 베네딕토 수녀원 소속이다.

(2010. 9. 29)

# 제자의 초청

인사동 갤러리 라메르 3층에서는 우리 동창의 자랑 이근식 화백의 칠순을 기념하는 전시회 개막식이 있었다. 이날 개막식 현장소식은 참석했던 동창이 37카페 우리들 소식에 올려놓은 글로 잘 보았다. 글을 통해 대전에서 신은식 동창이 참석한 사실을 알았고 갑자기 그를 한번 보고 싶어졌다.

보고 싶어진 것은 그가 고향에 내려온 지 2년이 지나도록 한번 만나보지도 못해 미안한 마음이 고개를 든 때문이다. 전화를 받은 동창은 쌍둥이를 출산한 따님 집에 간 부인이 온 뒤 다음 주에 함께 만나면 어떻겠느냐고 했다. 물론 당연히 OK!

동창이 만나기로 약속한 8일 오전 11시에 그가 사는 계룡시 두마면 두계리에 있는 아파트를 찾았다. 미니 족발과 막국수 우리밀 칼국수가 괜찮다며 안내한 한 식당에 닿았을 때 카키색 하복 차림의 해군장교 몇몇이 식당에서 나오는 모습은 계룡시가 국방도시임을 웅변해주었다.

개막식에 다녀온 그에게 이 화백의 칠순기념전시회가 열리기까지는 제자들의 힘이 컸던 것으로 우리들 소식에서 보았다며 확인하듯이 쳐다보았다. 자신도 그렇게 알고 있다며 이 화백이 20여년 몸담았던 중앙고교 제자들이 바로 자랑스러운 그들이라며 제자 이야기가 나왔으니 자신도 한 제자의 이야기를 하겠노라며 말문을 열었다.

그가 들려준 제자의 이야기다. 지난 7월 이화여대 총장 비서실로부터 뜻밖의 전화가 여러 차례에 걸쳐왔다. 동창의 제자 김 아무개가 이번에 이화여대 총장으로 취임하게 되는데 "은사님이 취임식에 꼭 참석하여주시길 바라는 총장님의 간곡한 초청의 말씀을 우선 드린다."며 "초청장은 곧 보내 드리겠다."고 하였다.

너무나 뜻밖의 초청전화에 참석하겠다는 즉답을 주지 못한 그는 그 후 여러 차례 전화를 받고서는 참석하겠다고 약속.

약속을 한 후 한숨 돌리며 그 제자 생각을 해보았다. 그가 교직 초임 발령을 받은 곳은 1965년 계성여중. 1년 뒤 신학기에 담임도 맡았다. 그 담임반의 반장이 바로 이대총장으로 취임하는 제자. 그러니 제자와 사제지간의 연을 맺은 지 거의 반백년이란 세월이 흘렀다. 담임반 반장이 그간에 총장으로 성장한 것이다.

취임식 당일 7월 23일 아침 일찍 그는 다소 설레는 가슴을 안고 서울행 열차에 몸을 실었다. 총장 취임식이 열리는 이화여대는 경건한 축하 분위기에 쌓여있었다. 취임식장 김영의 홀에 도착한 그를 반기며 맞은 사람은 비서실 직원. 그는 총장의 명을 받고 나왔다며 차를 가지고 오셨으면 키를 달라고 했다. 그는 그를 정중하게 식장으로 안내했다.

식이 끝나고 이어진 축하연. 이번에도 비서실에서 나왔다며 자신을 소개한 사람이 좌석 번호표를 보여 달라고 했다. 그는 안내직원이 안내하는 좌석으로 갔다. 제1연회장 맨 앞자리로 안내한 자리는 바로 오늘 총장에 취임한 그 제자 총장 바로 옆에 나란히 배치된 의자.

축하연이 끝날 무렵 총장이 된 제자는 한 사람을 불러 소개했다. "은사님을 댁까지 모셔다 드리지 못해 죄송합니다."며 직원에게는 "열차에 타실 때까지 잘 모셔드리라."고 당부하였다.

그는 이 이야기를 한 뒤 '반백년이 거의 되었는데도 잊지 않고 기억해 초청해준 제자에게 감사하다'고 몇 번씩이나 되뇌었다. 사제 간에 놓인 영원히 변하지 않는 금강석 다리를 보는 기분이 들었다.

* 그의 제자는 지난 7월 이화여자대학교 14대 총장에 취임한 김선욱(58). 이대법학전문대학원 교수. 콘츠탄츠 대학교 대학원 행정법학 박사.

# 법정스님이 함께 보려고 한 편지

스님의 저서 가운데 '오두막 편지'가 있다. 이 책을 보며 책 중에 '어느 독자의 편지'를 보게 되었다. 편지는 고등학교 2학년에 재학 중인 열여덟 살 소녀가 스님에게 보낸 편지로 스님은 '편지를 받아보고 그 내용이 너무 기특하고 착해서… 함께 나누어보려고 한다.'고 했다.

편지를 함께 나누어 보려고 한 뜻은 '요즘처럼 이기적이고 삭막한 세상에서는 친구 사이의 정이 더욱 귀하고 더욱 절실하다.'며 '우정은 인간의 정 중에서 가장 순수한 감정'으로 무릇 인간관계가 아름답고 진실하게 계속되려면 거기에는 순수한 우정이 받쳐주어야 한다.'고 여기기 때문이라고 스님은 강조했다.

소녀는 자신이 '왕따'로 따돌림을 당하는 상황 속에서도 한 친구를 생각하면 즐거워진다며 '그 애를 생각하면 전 살고 싶어요.'라고 할 만큼 사랑하는 친구라 했다. 친구와는 중1 때 사귀었는데 1년 반을 함께 지내고 남쪽으로 이사하는 바람에 3년이나 떨어져 지내는 처지지만 항상 같이 있는 거나 다름없이 서로 소식을 나누는 사이라 했다.

그런데 최근에 친구네 형편이 안 좋아 아버지는 실직바람이 불 때 제일 먼저 해고를 당하고 척추장애자인 어머니는 공장에 다니는 어려운 처지. 이처럼 어려운 환경 속에서도 성격이 명랑한 친구는 공부도 잘해 생각하면 가슴이 아파 많이 운다고도 했다.

이런 처지에 있는 친구를 생각한 소녀는 자기 엄마 아빠도 모르는 일을 혼자서 하나를 꾸몄다. 친구의 몫으로 통장 하나를 만든 것이다. 학교 안에 있는 농협출장소에서 친구를 위해 만든 것. 지금은 얼마 되지 않지만 고등학교 졸업 때까지는 꼭 백만 원을 만들어 친구에게 줄 셈으로!

"… 점심은 도시락을 싸 가지고 가서 먹고 저녁은 어머니가 매일 밥값으로 주는 2천원에서 300원짜리 빵 하나와 1백 원짜리 요구르트 하나로 대신하고 그 날 먹고 남은 돈은 모두 매일 저금해요."

스님은 '친구를 돕기 위한 소녀의 그 착하고 기특한 마음씨에 콧잔등이 찡했다.'며 자신의 책 한권을 서명해 보내면서 '이 책은 마음 놓고 180도 각도로 활짝 펴놓고 읽으라.'고 했다. 스님이 책을 보내며 이런 사연을 단 것은 소녀가 스님의 「산에는 꽃이 피네」를 읽으면서 다 읽으면 친구에게 보내주려고 행여 구겨질까 봐 읽을 때에도 활짝 펼치지 않고 30도 각도로만 펴서 읽는다고 했기 때문이다.

스님은 '그리고 너와 나, 둘이만 마음속에 담아 두자고하면서 한 가지 약속을 해두었다. 그 친구를 돕기 위해.'

스님은 '요즘처럼 약삭빠른 세태에, 더구나 학교지옥에서 말할 수 없이 시달리고 부대끼면서도 친구를 위해 세심하게 마음 쓴, 그토록 순수하고 아름다운 소녀의 우정 앞에 엎드려 절하고 싶은 심정'이라고 했다.

(2010. 12. 15)

# 수고 많은 내 오른 손과 발

며칠 전 같은 아파트에 사는 한 친구내외와 칼국수를 함께 하는 자리가 있었다. 그 칼국수집의 수육이 갑자기 먹고 싶어졌다는 친구의 뜻에 따라 자리에 함께 하게 된 것이다. 수육을 많이 먹으라며 상추에 싸서 먹음직스럽게 몇 점을 든 친구가 말문을 열었다.

옆에 살며 보기에 내가 음식을 가리지 않고 잘 먹고 잘 소화해 절대운동량이 부족한 터에도 살이 찌지 않는 것과 왼쪽 지체마비에도 오른 손으로 컴퓨터를 할 수 있는 것, 그리고 무엇보다 운전을 할 수 있어 자주 찾아야하는 병원이나 가벼운 바람이라도 원하는 대로 쐴 수 있는 것이 참 다행한 일이라 여겨진다며 격려했다.

음식을 가리지 않고 잘 먹는다는 나의 식생활은 거의 맞는 말이다. 건강에 해롭다며 육류를 피하거나 보신탕이나 백숙 닭 도리 등을 남들처럼 마다하지 않고 잘 먹는 편이다. 다만 너무 매운 것 뜨거운 것은 사래가 들어 피하는 편이다. 물론 좋다는 야채는 즐기는 편이다.

지난 5일 이른 아침 목욕을 가서 온천탕으로 오르는 계단에서 목욕을 마치고 내려오다 만난 친구는 만나자마자 한 옥타브 높여 이름을 부르며 "얼굴이 참 좋아졌다!"며 손을 덥석 잡았다. 탈의하고 입탕하기 전 늘 해보듯이 몸무게를 재보았다. 56.20kg. 56kg을 넘는 몸무게가 나오긴 요 근래 나로서는 기록적(?)인 체중인 것이다.

컴퓨터를 할 수 있어 참 다행이라는 친구와는 성대를 모두 절제해낸 수술 후부터 언어소통이 되지 않는 것을 알고 매일 매일 자신의 일상을 비롯한 여러 유익한 정보를 메일로 제공해주며 안부를 서로 교환한 지도 햇수로 9년째다. 그는 오른 손으로만 자판을 두드리는 내 처지를 잘 알기에 늘 짧게 쓰라하기도 하고 답을 주지 않아도 된다며 다독여준다.

대학교 평교원에서 여행과 사진반에 등록, 사계절 따라 열과 성을 다해 출사에 나서 아름다운 자연과 풍경을 열심히 담아 와선 설명하는 글과 작품으로 완성된 영상을 늘 별도로 보내주며 영상여행을 시켜주고 가까운 거리에 있는 풍경을 바람도 쐴 겸 드라이브하라며 여행정보도 주어 여러 곳을 다녀오게도 해주었다.

친구는 먼 곳을 함께 나서는 길이면 언제나 자신이 운전하기를 즐겨하며 함께 외식이라도 나갈 때면 늘 주차에 어려움을 내세워 자신의 차로 자신이 운전하길 마다하지 않는다.

왼손은 책을 볼 때면 훌륭한 책받침이 되어주고 왼발은 힘 드는 오른발의 힘을 덜어 걸을 수 있는 데까지는 최선을 다해 함께 걸어서 오른 발에 힘을 보태준다. 더욱 다행스러움은 말해주는 친구의 얼굴을 볼 수 있고 친구의 목소리를 들을 수 있음이라고 새롭게 느끼는 고마움이다.

이 글도 오른 손으로 컴퓨터자판을 두드려 완행으로 쓴 것이다.

(2010. 11. 10)

# 돌아온 구두

일행은 지난 9일 오후 5시경 논산 연산에 있는 이름난 한 추어탕 집을 찾았다. 일행이래야 동생이 사는 유성에서 좀 쉬고 싶다며 전 날에 내려오신 셋째 누님 내외 등 모두 4명이다.

누님은 "매형이 며칠 전부터 어머님과 아버님 산소에 성묘하길 바랐다."며 점심 후에는 산소에 다녀오자고 했다. 초밥과 회가 생각난다는 누님 내외를 점심정식을 잘 한다고 알려진 한 일식집으로 안내했다. 두 분은 '이만하면 서울에서도 손님이 많이 찾아올 것'이라며 높은 점수를 주어 안내한 기분이 좋았다.

식후 밖에 나오니 뜻밖에 찬바람이 세차게 불고 진눈개비가 내려 성묘하려던 발길을 멈추게 했다. 대신 대전 근교로 드라이브나 하자고 하여 논산의 탑정호를 찾았다. 그러나 날씨는 넓은 호수를 전망대에서 시원하게 전망하는 것도 허락하지 않았다. 호반에 있는 한 레스토랑을 찾았다.

탑정호를 훤히 내다보며 편히 앉아 쉴 수 있는 안락의자에 둘씩 마주하여 앉았다. 논산이 자랑하는 딸기로 만든 주스와 아이스크림을 반반씩 시켰다. 주스와 딸기를 나눠 먹고 마시며 대형 창문을 통해 이른 봄 탑정호 물 위에 노니는 오리 떼에 눈길을 빼앗기기도 하고 입 모아 가벼운 탄성을 지르며 즐겼다.

레스토랑을 나와 호반에 난 길을 따라 한 바퀴 돌며 상체만 물 위로 드러낸 곳곳의 갯버들들이 바람에 따라 추는 실가지 봄 춤과 곳곳 물 위에서 떼 지어 먹이 사냥을 열심히 하는 오리 떼들을 만났다.

탑정호를 한 바퀴 돌고 나온 일행은 시간은 좀 이르지만 연산에 있는 이름난 추어탕 집에서 저녁을 하자고 입을 모았다. 식당 안에 들어서니 두 자리에 손님들이 앉아 한자리에서는 탕만, 다른 자리에서는 술을 곁들여 즐기는 모습이 보였다.

얼마 후 뒷자리에서 탕만 들던 손님들이 먼저 일어나 갔다. 잠시 후 우리도 일어나 신발을 신으러 갔다. 내 신발 구두가 보이질 않았다. 계산대에 앉은 여 주인을 쳐다보았다. 모른다는 표정. 이 때 주방에서 일하던 두 아주머니가 흥미로운 구경거리가 생겼다는 듯이 주방 창을 통해 연신 밖을 내다보며 무슨 말인지 신나게 나누며 웃었다.

이 때 술을 곁들여 자리를 즐기던 뒷자리 일행 중 안경을 쓴 5 ~ 60대 손님 한 사람이 일어나 우리 앞에 서더니 누군가에게 핸드폰을 걸어 혹시 신발을 바꿔 신고 가지 않았느냐고 친절하게 묻더니 그런 일이 없다고 한다며 우릴 쳐다보았다. 아마도 아는 사람이 추어탕을 들고 먼저 간 모양이다.

이를 지켜보던 계산대 아주머니는 마루에 써 붙여 놓은 '신발 분실에는 책임을 지지 않습니다. 주인 백'을 보란 듯이 가리키며 계산대 책상 앞머리에 걸어놓은 임시 신발주머니 검은 비닐주머니도 눈으로 가리켰다.

앉아 있는 손님 신발을 제외하고 남는 것은 커다란 검은 구두 한 켤레. 아주머니에게 주인이 없는 이 구두라도 신고가야겠다며 신어보았더니 내 발은 두 개라도 들어 갈 수 있는 '한강'. 세상에 이렇게 큰 구두를 신는 사람이 어떻게 내 구두를 신고 갔을까하는 어처구니없다는 생각이 그만 내 말문을 막았다.

그 큰 신발을 신고 어떻게 안전하게 운전할 수 있을지도 큰 걱정거리. 맨발로 나올 수는 없어 신발을 신으려하자 아주머니는 미안하다는 말 한마디 없이 연락전화번호나 적어놓고 가라고 가며 아주 사무적이었다.

밤 9시경 집으로 전화가 왔다. 자기는 신발을 바꿔 신고 온 주인공의 아내가 된다며…. 그녀는 자기남편이 시각장애인이라며 자신이 동행하지 않은 탓일 거라며 이해를 구했다. 부인은 현관에 놓여있는 못 보던 작은 구두를 보고 "당신 혹시 구두를 바꿔 신고 온 것이 아니냐?"고 물었을 때까지는 그 자체를 모르고 있더라는 남편. 부인은 남편이 추어탕을 먹고 온 식당에서 연락처를 알아 전화를 하게 되었다고 설명.

부인은 가까운 시일에 자기들이 사는 곳 논산 두계에 혹시 올 기회가 없느냐고 묻기에 그곳에 갈 일이 별로 없다고 했다. 이에 다음 날 정오경 우리 아파트에 구두를 가지고 오겠다는 부인. 그러나 그 시간에는 선약 때문에 외출을 해야 한다며 정문 경비실에 구두를 맡겨놓고 가도록 일러주었다.

외출에서 들어오는 길에 경비실에서 부인이 맡겨놓고 간 구두를 찾았다. 20여 시간 내 발을 떠났던 정든 검은 구두는 이렇게 다시 돌아와 현관에 강아지처럼 앉아 내 발을 기다리고 있다.

(2010. 3. 17)

# 4부

## 이팝나무 꽃 볼 수 있니?

# 설이 오면

설이 오면 2002년 2월 12일 세브란스에 입원하고 있을 때 맞았던 설이 생각난다. 대전에 사는 막내 처제는 병상에서 설을 맞는 나를 생각하며 먹을거리를 준비해 밤새 고속도로를 달려 설날 새벽 병원에 왔다.

처제는 떡국은 점심에 끓여 먹고 아침밥부터 먹자며 아침을 서둘렀다. "형부가 먹고 싶다던 된장찌개를 맛있게 끓여주겠다."면서. 불고기에 더덕무침을 곁들여, 먹고 싶던 된장찌개로 오랜만에 집에서 먹는 것처럼 맛있게 먹었다. 후식 과일을 먹을 때 전화벨이 울렸다.

다니던 성당 원장수녀님으로부터 온 전화는 새해 빠른 시일 안에 건강을 회복하길 바라며 쾌유를 비는 기도를 열심히 드리겠다는 선물이었다.

많은 환자들이 병원 측의 허락을 받아 설을 쇠고 온다며 반짝 귀가한 바람에 병실은 텅 빈 기분이 들 정도로 썰렁했다. 회진을 한 의사 일행이 "새해에 복 많이 받으세요!"라며 쾌유를 빌어주는 새해 인사가 빈 병실에 가득한 썰렁한 기운을 말끔히 거둬가는 듯했다.

떡국 없는 설을 맞은 나에게 점심에는 맛있는 떡국을 끓여주겠다는 처제의 말에 입맛을 다시며 그간 있었던 진료 이야기를 하며 빨리 퇴원할 수 있는 그 날이 언제쯤이 될까 입을 모으고 있을 때였다.

뜻밖에 신부님 한 분을 앞세운 동창 내외가 활짝 웃으며 다가와 손을 덥석 잡았다. 신부님은 동창의 둘째 아드님이었다. 그간 말로만 들어온 적이 있던 동창의 아들 신부였다. 설 차례를 서둘러 마친 동창 내외가 모처럼 집에서 설을 맞은 신부님과 함께 내 병상을 찾아 온 것이다. 쾌유를 비는 신부님의 기도를 함께 하고자.

잠시 후 또 다른 동창 내외가 병실에 들어섰다. 신부님은 부모님, 아버님 동창 내외 그리고 병실을 지키던 우리와 함께 내 병상 주위에 빙 둘러 서서 기도를 드렸다. 기도를 마친 신부님은 12시 동창 신부들과의 모임이 있다며 서둘러 떠났다.

신부님이 떠나자 신부님의 어머니는 병원 복도 바닥에 가져온 깔개를 깔고 점심자리를 차렸다. 푸짐하게 준비해온 설음식으로 차려진 병원 복도 점심은 어느 상보다 더 풍성했다. 두 동창 내외는 집 식구들과 함께 해야 할 즐거운 설 아침 시간과 점심시간을 뒤로 미루고 병실을 찾아 와 우리를 위해 함께 해준 것이다.

처제는 준비해 왔던 떡국을 끓여 저녁을 함께 하고 내려갔다. 이 날 신부님은 동창 신부님들 모임에 혼자서만 늦었다는 것이다. 처제는 내려가는 데 9시간이 걸렸지만 무사히 잘 도착했다고 알려왔다. 신부님은 그 해 3월 15일 유학길에 올랐다.

해마다 설을 맞으면 이런 일들이 생생하게 떠오르며 2002년 2월 12일 세브란스 병상에서 맞았던 설날의 정은 해를 더할수록 더욱 그리워진다.

(2009. 1. 24)

# 이팝나무 꽃 볼 수 있니?

지난 7일 오후 대전에 사는 한 동창으로부터 전화가 왔다. 볼 일이 있어 내일 대전에 내려온다는 서울 동창 아무개가 몇몇 친구들 얼굴이나 보고 점심이나 함께 하고 싶어 하는데 시간이 어떠냐고 묻는 것이다. 본 지도 꽤나 오래된 보고 싶던 얼굴인데 내일이 어버이 날이면 어떠냐며 좋다고 했다.

다음 날 12시 반에 만나기로 약속한 곳 ― 유성에서 제법 이름난 복 매운탕 집에 다른 동창과 함께 갔다. 어버이 날 때문인지 3층에 올라가서야 먼저 와 있던 두 동창을 만났다. 우선 반가운 악수부터! 생참복이 있다는 소개를 받은 친구는 참복 매운탕을 시키며 시원하게 잘 좀 끓여 달라고 주문하는 것도 잊지 않았다.

이런 저런 이야기를 하던 중에 "대전에 서포 김만중의 문학비가 있다던데 어디에 있느냐?"며 '처음 들어보는 소린데 아는 사람 있느냐?'고 묻는 것처럼 둘러보았다. 대전광역시가 발행한 'it's Daejeon' 2009년 5월

호에서 본 사실을 이야기했더니 자신도 그 5월호에서 보았다고 했다.

이어서 세상의 아름다운 것을 사랑했다는 눈물의 시인은 누구이며 그의 시비가 보문산에 서있느냐고 물으며 남다른 감흥과 관심을 나타냈다. 아울러 시간이 있을 때 서천에 있는 지인의 집 울 안에서 이팝나무 한 그루가 피운다는 아름다운 꽃을 꼭 보러 가보고 싶다며 이팝나무 꽃을 볼 수 있느냐고 물었다.

묘한 것은 이 날은 마침 유성 아름다운 거리 숲 이팝나무 길에서 'YESS 5월의 눈꽃 축제'가 시작되는 바로 그날이었다. (YESS는 유성이 교육 온천 과학의 도시임을 알리는 영문 약자) 축제는 이팝나무 꽃이 만개하는 어버이날부터 사흘간 다채로운 각종행사로 벌어졌다.

그러니 친구가 보고 싶어 하는 이팝나무 꽃은 꽃이 만개해 마치 흰 눈이 꽃을 피운 것 같은 지금 – 유성 거리에 나서기만 하면 눈이 하얗도록 볼 수 있는 눈부시게 하얀 꽃이다. 이팝나무 꽃이 만개한 거리에 나선 친구는 기다리던 애인이라도 만난 듯 기뻐하며 휴대폰 카메라에 꽃을 담아 저장하기에 바빴다.

유성거리 가로수는 거의 모두 이팝나무로 새 단장하여 유성을 상징하는 또 하나의 브랜드가 되었다. 해마다 꽃이 만개하는 5월 눈꽃 축제 기간에는 전국에서 많은 관광객이 몰려든다.

이팝나무는 입하立夏 무렵에 핀다하여 입하목이라 하기도 하고 핀 꽃이 쌀밥(이밥)과 같다 하여서 이팝나무라고도 불리며 개화의 정도에 따라 그 해 풍 · 흉년을 알았다는 민속의 나무이기도 하다. 친구가 보인 관심과 감홍 덕에 이팝나무 가로수 길 문화의 거리에서 펼쳐지는 축제를 보다 홍미롭게 구경할 수 있었다.

친구가 남기고 간 김만중 문학비가 궁금해졌다. 한문소설을 비판하며 참된 우리 문학을 주장했던 서포 김만중은 국문소설 구운몽, 사씨남정기 등을 남겼다. 그의 문학비는 대전 유성구 전민동 虛舟村 선비마을에 세워져 있다.

시비에 새겨져있는 글은 서포가 당시의 정치적 상황 때문에 남해의 녹도에 방축되어 있을 때 처음 맞은 어머니 생신을 맞아 쓴 시 — '思親' — 어머니를 그리워하며 — 이다. 어머니를 그리는 절절한 마음과 서러움 때문에 제대로 시를 짓지 못하는 안타까운 심정을 토로하고 있는 것이다.

오늘 아침 사친의 시 쓰려 하는데
글씨도 이루기 전에 눈물 먼저 가리우네.
몇 번이나 붓을 적시다 도로 던져 버렸나
응당 문집 가운데 해남의 시 빠지겠네.

(2009. 5. 27)

# 세배를 받으며

설날 아침 집안 두 조카로부터 세배를 받았다. 두 조카는 5대 독자로 귀엽게 태어난 집안 동생이 늦장가를 가 얻은 소중한 딸과 아들이다. 딸은 올 봄이면 여중 2학년이 되고 아들은 초등 4학년이 된다.

설날 이른 아침 동생으로부터 '떡국은 드셔도 나이는 드시지 말라'며 '올해는 꼭 건강을 회복하시길 바란다.'는 첫 전화를 받았다. 잠시 후 다시 전화가 왔다.

부모님 산소성묘를 먼저 하고 돌아오는 길에 세배를 하려했는데 세배부터 오겠다는 것이다. 산소에 가는 시골길이 밤새 내린 눈이 쌓이고 전날에 녹은 눈까지 얼어붙어 미끄러워 갈 수가 없다는 것이다. 아이들을 친구처럼 좋아하는 동생은 두 아이와 함께 왔다.

우리는 나란히 앉아 두 처조카의 세배를 받았다. 조카들에게 설에 대해 몇 마디 설명해 준 다음 덕담을 해 주었다.

조카딸에게는 집 안의 한 송이 예쁜 꽃이 되어주고 조카는 한 마리 벌이 되어주길 바란다고 했다. 꽃은 벌이 꼭 있어야 하고 벌에게는 꽃이 꼭 있어야 하는 사이라고 풀어주었다. 아무리 아름다운 꽃이라도 벌이 없으면 무슨 열매든 맺을 수가 없고 아무리 부지런한 벌이라도 꽃이 없으면 할 일이 없으니 꿀을 얻을 수가 없다고 했다. 아름다운 꽃이 피고 바삐 날아다니는 벌이 있는 가정 — 정원은 아름다울 수밖에 없을 것이라고 했다. 한 가지를 더 권했다.

친구가 많을 테지만 책을 영원한 친구로 삼으라고 했다. 책이란 친구는 언제나 기다려주며 언제나 만나면 반겨주며 언제나 삶의 지혜를 준다며 — 책을 통하면 만나보고 싶었던 훌륭한 사람들을 만나 볼 수도 있고 그 만남을 통해 생활의 윤기를 더할 수도 있다고 했다.

덕담을 하고 있을 때 군복무를 마치고 복학시기를 기다리며 열심히 아르바이트를 하고 있는 또 다른 조카가 왔다. 조카는 새벽까지 일하고 설날인데도 오후 3시부터는 다시 나가서 일해야 한다며 큰 하품을 했다. 설날 나와야 할 직원이 나오지 않아 사장이 대신 일을 하고 있다는 것이다.

세배를 받고 덕담 하나를 세배 돈처럼 주었다. 자신의 땀과 노력으로 등록금을 마련해 보려고 제대 다음 날부터 아르바이트를 하기로 한 결심과 그 실천을 높이 평가해 주었다. 아울러 요즘 직장에 다니며 어려움을 겪고 있는 아버지와 가정꾸려가기가 날로 어려워져 고전 중인 어머니를 도와 가정에 조그만 힘이라도 보태려는 착한 아들이 되라고 했다.

그리고 나이 들어가는 부모의 생일과 같은 기념일을 꼭 기억해서 작은 것 하나라도 선물을 해 드리며 기쁨을 함께 하라고 했다. 조카는 떡국 한 그릇을 먹고 서둘러 아르바이트현장으로 갔다.

(2009. 1. 28)

# 엄니, 찬 국수해줘요!

엄니, 오늘(8월 9일)은 제 생일이에요. 지금으로부터 72년을 거슬러 올라가면 바로 제가 태어나던 1938년 오늘(음력7월 19일)이겠지요?

저는 언제부턴가 철이 들어가는지 생일을 맞으면 오늘이 바로 엄니 몸에서 제가 떨어져 나온 뜻 깊은 날로 여기며 엄니의 체온과 체취를 다시 더 느끼기 시작했답니다.

엄니는 제가 중고등학교에 다닐 때 종종 이런 말씀을 해주셨어요. "너는 한 밤에 태어나야할 범이 동이 트는 새벽에 태어나 범으로서 기를 제대로 펴지 못하는 것 같다."며 안타까워하셨지요. 범이 태어날 시간이 아닌 시간에 태어난 것을 마치 자신의 잘못으로 미안해하시며 머릴 쓰다듬어주시곤 했지요.

이런 말씀도 하셨지요. "너는 태어나지 않을 텐데 태어났다."라고 하시며 "너는 네 위에 두 누나가 태어나 얼마 되지 않아 하늘나라로 가는 바람에 태어났다.”고요.

이런 말도 자주 하셨지요. 10남매 중 막내로 태어난 넌 옷 하나 제 몸에 맞는 것은 입어보지도 못하고 형들이 입던 낡고 큰 옷가지만 얻어 입고 자랐다며 가슴 아파하셨지요.

엄니 제가 고등학교에 다닐 때 여름방학에 큰 형님이 교장으로 계시던 시골 한 초등학교를 찾았을 때에 형님이 사주시던 칼국수이야기를 하렵니다. 형님은 학교 앞 시외버스 정거장 시골 장터 초가집 칼국수 집에서 국수를 드시며 말씀하셨어요.

이 집 아주머니가 만드시는 칼국수는 엄니가 만드셨던 칼국수 바로 그 맛이라며 두 그릇을 거뜬히 드셨어요. 아주머니가 손수 빚어 홍두깨로 밀어 만든 칼국수는 아주머니가 담은 시큼하게 잘 익은 열무김치 국물과 호박 구미가 칼국수 맛을 더해주었어요.

시원한 열무김치 국물에 칼국수를 말아 한 저분씩 국수를 드신 형님은 그때마다 고개를 끄덕이며 “그래 바로 이 맛이 우리엄니 손칼구수 맛이다!”며 찬사를 연발했습니다. 물론 저도 따라서…! 형님은 농번기만 되면 우리 시골집은 엄니의 손칼국수로 온 동네 온 식구가 칼국수잔치를 한판씩 치렀다며 시골에서 자라며 보았던 기억을 되살려 들려주었습니다.

그 날 저녁이었습니다. 교장관사 모깃불이 놓아진 마당에 차려진 밥상에는 호박잎 찐 것과 호박 넣어 자글자글 끓인 투가리 된장찌개가 매큼한 고추 냄새를 풍기며 놓여있었습니다. 형님은 푹 퍼진 보리밥에 된장찌개 풋마늘 풋고추 쌈장을 넣어 쌈을 싸 드시며 어린 시절 시골 마당에서 호박잎쌈을 싸먹던 일과 입에 밴 엄니 그 된장 맛을 이야기해주었지요.

호박잎 쪄 쌈 싸 먹고 칼국수 먹는 일은 이제 제 생일 전후에는 빼놓을 수 없는 엄니의 살아있는 기념음식이 되었답니다. 중고등학교 때 전등하나 켜고 외풍이 센 방에서 이불을 뒤집어쓰고 공부할 때면 한밤중에 고구마를 쪄 진잎김치와 쭉쭉 쪼갠 무, 김치 국물을 한 그릇 가져다주시며 많이 먹고 잠을 깨 공부하라 하시던 그 목소리, 그 맛이 새롭게 그리워진답니다.

엄니, 저는 지금도 무더운 여름철만 되면 엄니께 조르던 "엄니 찬 국수해줘요!" 소리 속에 고향 뒷동산 아래 시원한 옹달샘 물에 말아주시던 엄니 손칼국수 그 맛을 찾아 맛 집 사냥을 잘 다닌답니다.

엄니 그 뜨거운 삼복 무더운 여름철에 그 많은 농사일 뒷바라지 다 하시며 저를 낳아 기르시느라 얼마나 힘드셨습니까? 엄니 절 낳아 잘 길러주시어 올해에도 건강하게 생일을 맞을 수 있게 해 주시어 다시 한 번 감사드립니다.

(2009. 8. 9)

# 뜻밖의 도움

11월 위령성월을 맞아 지난 5일 오후 한 공원묘원과 국립 대전 현충원을 찾았다. 공원묘원에는 부모님 묘소를 찾아 성묘하고 현충원에는 초등 은사님과 한 지인의 묘소를 찾아 성묘하기 위해서였다.

먼저 묘원에 들러 성묘하고 현충원에 가기 위해 승용차 시동을 걸었다. 시동이 걸리지 않아 애를 먹는 중이었다. 공원 관리사무소에서 커다란 키의 작업복 60대가 나와 차로 다가와 사무실 앞 뜰 위에 차를 마주보게 세웠다.

그는 차에 켜진 라이트를 끄라하고 시동을 걸어보라고 했다. 시동이 걸리지 않는 것을 본 그는 잠시 후에 다시 걸어보라고 했다. 그러나 시동이 걸리지 않기는 마찬가지.

그는 뜰에서 내려와 내 차를 자기 손으로 혼자 후진시켰다. 그리고는 시동을 걸었다. 그래도 시동이 걸리지 않자 차를 길옆에 주차된 포터 옆에 세웠다. 차에서 내린 그는 아무 말도 하지 않고 내 차가 섰던 옆자리에 서있던 자기승용차를 끌어다 내 차와 가까운 자리에 세웠다.

그는 곧 포터 짐칸을 뒤적여 전지충전용 잭을 가지고 내렸다. 먼저 자기 승용차 전지에 잭을 물리고는 내 차에도 잭을 물리게 하고는 시동을 걸어보라고 했다. 순간 시동이 걸렸다. 일행은 "아이고 시동이 걸렸어요!"라며 모두 함께 반겼다. 모두는 고맙다며 그에게 인사를 했다. 그는 아무 말도 하지 않고 빙긋이 웃으며 사무실로 들어갔다.

시동이 걸리지 않아 보험사에 긴급 구조를 요청하는 전화를 할까 말까 하는 참에 뜻밖에도 사무실 직원(책임자?)의 도움을 받은 것이다. 이와 같은 뜻밖의 도움을 받으며 몇 해 전 서울에서 타고 내려오던 차가 고속도로에서 갑자기 멈춰서는 바람에 긴급구조를 요청했다 겪었던 낭패스러웠던 일이 떠올랐다.

차가 갑자기 멈춘 곳은 경부고속도로 하행선 천안 남방 10여km지점이었다. 때는 해가 넘어가며 고속도로에도 어둠이 깔려오는 시간이었다. 자동차보험사에 긴급구조를 요청하는 전화를 했다. 얼마 후 견인차가 왔다. 견인차 기사는 10km까지는 무료로 견인이 되지만 그 후로는 km당 요금이 추가된다며 몇 번씩 확인시켰다. 견인차가 견인해 간 곳이 어딘지도 모르지만 카센터 주인으로 보이는 사람과는 귀에 대고 몇 마디 하더니 추가 견인료를 받고는 갔다.

카센터에서는 차가 멈췄을 당시 상황을 파악하고는 원인을 찾아보려는 듯 한동안 부산을 떨었다. 전문용어를 나열해가며 정비는 밤새워야 되겠다며 내일 아침에나 차를 가지러오라고 했다. 정비사에게 물었다. 무엇이 어때서 어떻게 정비를 해야 하며 정비시간을 단축할 수 없느냐? 그리고 정비에는 얼마나 드느냐?

정비사는 밤새워 열심히 해봐야 한다며 100만 원 가량이 든다며 정히 급하면 자기카센터 차를 가지고 내려갔다가 내일 올라오라는 것이었다. 정비를 서둘러 해 달라고도 해보고 정비비용을 내려줄 수 없느냐고 사정도 해 보았다. 그러나 그는 아무런 반응을 보여주지 않았다.

그럴 바에는 대전의 단골 카센터에 한번 알아나 보고 정비를 맡기든지 하려고 전화를 했다. 단골 센터 사장은 대전까지만 살살 몰고 올 수 있게 부탁을 해 임시정비해서 차를 가지고 내려오라고 했다. 아니면 자신이 견인차를 가지고 가 견인해오겠다고 했다.

통화한 내용을 가지고 다시 한 번 더 간이정비를 부탁해보았다. 마지못해 간이정비를 해 주어 조심조심 천천히 대전으로 내려왔다. 대기하고 있던 단골 센터 사장은 우선 간이점검을 하고는 센터에 맡겨놓고 가면 정비를 해서 내일 아침 집으로 차를 보내주겠다며 집까지는 데려다 주며 별 것이 아니라고 안심시켜주었다.

센터에서는 다음 날 이른 아침 차를 정비해 보내주었다. 정비에는 총 27,000원. 성묘를 마치고 시동이 걸리지 않았을 때 선뜻 보험사에 긴급구조 요청하지 않은 것은 순간 이런 일이 떠올랐기 때문이었다.

(2009. 11. 10)

# 자주 찾는 휴양림

여름이면 다른 어느 곳보다 자주 찾아가는 휴양림이 있다. 대전시 서구 장안동에 있는 최초의 사유림이자 휴양림인 장태산 자연 휴양림으로 대전 8경 중의 하나이기도 하다.

장태산은 서구 장안동과 충남 금산군 복수면 신대리 경계 안평산(470.2m) 옆에 있는 높이 186m의 나지막한 산이다. 자연휴양림은 이 장태산 82만 평방미터에 독림가이자 건설업자 임창봉(논산 출생)씨가 사업으로 번 돈을 들여 1970년대부터 20여 년간 20만 그루의 나무를 심고 가꾸는데 심혈을 기울여 조성한 것이다.

임씨는 자연생태의 잡목 숲을 배경으로 평지에 고유 수종 밤나무 잣나무 은행나무 등 유실수와 소나무 두충나무 등을 계획조림 했다. 또한 '살아있는 화석'이라는 메타세쿼이아(Metasequoia)와 독일 가문비나무 등 외래 수종을 배열해 독특하게 조성했다.

1991년 5월 15일 산림청은 이곳을 휴양림으로 지정했으며 1994년 2

월 5일 드디어 장태산 자연휴양림으로 탄생, 마침내 개장을 보게 됐다. 그러나 장태산 휴양림 조성 사업은 IMF 국제 금융위기 때 심한 자금난을 겪게 되었다.

이 때 2002년 대전시가 장태산 휴양림의 전반적인 시설현대화작업을 해서 시민 휴식 공간으로 가꾸기로 하고 42억 원에 인수를 했다. 휴양림에 대한 시설 현대화 작업은 2003년 11월부터 국비 33억 원 등 67억 원을 들여 2006년 4월에 마무리되었다.

메타세쿼이아의 울창한 숲 사이로 산림문화 휴양관, 숲 속의 수련장, 숲 속의 집 등 시민휴식 및 편익시설 등이 인수 당시에 비해서 많이 갖춰졌다. 2006년 4월 25일 새로운 면모를 갖춘 장태산 자연휴양림이 시민에게 무료 시설로 개방되어 오늘에 이르고 있다.

휴양림은 장태산 입구에 있는 용태저수지를 지나면서부터 펼쳐지며 '키다리 미남' 메타세쿼이아 녹음 시원한 그늘이 이어져 찾아오는 사람들의 탄성을 자아낸다. 장태산 정상 형제바위 위에 있는 전망대에서 볼 수 있는 낙조와 장군봉 등 기암괴석이 또 다른 눈길을 끌게 한다.

지난 14일 일요일 아침 서둘러 장태산 휴양림을 찾았다. 찾아가는 길옆 감자밭에서는 장마를 앞두고 하지감자를 캐는 그림 같은 모습이 옛 고향의 정을 느끼게 했다. 캐는 사람 파는 사람 홍정해서 막 감자밭에서 캔 감자를 사는 사람들이 들에서 한 판 나누는 들판 웃음은 풍성하고 아주 흡족해 보였다.

모내기철을 앞두고 봄 가뭄에 농민들 가슴을 검게 태우던 논에는 어느덧 모가 무성하게 자라 이곳저곳에서 먹을거리 사냥에 나선 왜가리들의 골돌한 모습이 익어가는 여름철을 여실히 보여주고 있었다.

주차장에 도착한 것이 오전 10반경인데 주차장은 물론 주변 도로변에도 주차한 차들로 이미 넘쳐있었다. 숲안 그늘 아래 평상과 벤치들도 빈 곳이 없다. 간신히 빈 평상에 자릴 잡고 동행들과 먹을거리를 간단히 나누며 시원한 녹음, 맑은 색깔, 단 공기를 마음껏 마시며 즐기며 담소하다보니 어느 새 점심때가 되었다.

내려오는 길 야생화원 입구에서 만나게 되는 휴양림을 남겨준 독림가 임창봉씨 흉상 앞에 섰다. 흉상 앞에 잠시 머물며 시민의 한 사람으로 다시 한 번 감사하며 고인의 명복을 빌었다.

휴양림에서 나오는 길은 일요일 오후 들어오는 차들로 꼬리를 이었다.

(2009. 6. 24)

# 넓고도 좁은 세상

지난 11일 모처럼 화창한 날씨를 맞아 마곡사를 찾았다. 매년 봄이면 한 번씩 찾아가 즐기던 봄 마곡사를 찾아가보지 못한 아쉬움 때문이었다. 여름을 맞아 깊은 산 검푸른 녹음 속 아늑한 터에 자리 잡은 고즈넉한 절, 천년고찰 — 마곡사의 고색창연한 모습이 그리워진 것이다.

주차 안내원은 오늘 11일은 절 안에서 큰 행사 — 태화산 전통 불교문화원 개원 — 가 있어 장애자 차량도 경내에 들어갈 수가 없다며 일반주차장으로 들어가도록 수신호를 했다. 이 때 부르는 소리가 있어 뒤돌아보니 생각지도 않은 아는 사람이 이곳에서 만나기로 약속이나 한 것처럼 인사를 하며 다가왔다.

그 사람 덕에 경내 주차장에까지 들어갈 수 있었다. 한 때 마곡사 한 승방에서 3년을 보낸 적이 있는 사람이다. 바람을 쐬러 왔다는 말을 들은 그는 자기가 안내하겠다며 자기가 아는 닭백숙을 잘 하는 식당에서 점심도 들고 가라고 했다.

그와 함께 천왕문을 지나 속인의 마음을 씻긴다는 거룩한 의미로 만들어졌다는 희지천 극락교 위에 섰다. 극락교 아래 희지천에는 행인들이 주는 밥을 받아먹기 위해 많은 피둥피둥한 고기들이 물을 차고 튀어올라 싱싱한 모습을 보여주었다.

마곡사 마당 한가운데 라마교 풍의 특이한 5층 석탑 뒤로 배치된 대광보전과 대웅보전 등전경이 한눈에 들어오며 대광보전 바닥에 깔려있는 샅 자리에 얽힌 앉은뱅이의 전설이 떠올랐다. 옛 날 한 앉은뱅이가 다리를 낫게 해 달라며 참나무로 자리를 만들며 부처님께 드리겠다며 100일째 기도를 봉헌하던 날 샅 자리는 완성되고 마침내 일어나 걷게 되었다는 것이다. 대웅보전 내부에 있는 기둥을 얼싸안고 한 바퀴 돌면 수명이 6년씩 더 연장이 된다는 속신이 전해지는 네 기둥이 '어서들 오시라!'는 듯이 서있었다.

생육신 매월당 김시습이 마곡사에 잠시 은거할 때 세조가 자신을 만나기 위해 행차했다는 소식을 들은 매월당은 그냥 떠나버렸다. 이에 세조는 '김시습이 나를 버리고 떠나버렸는데 연을 타고 갈 수는 없다.'며 소를 타고 가버리는 바람에 타고 왔던 세조대왕연王輦이 흔적으로 남아 역사를 생생하게 증언하고 있었다.

대웅보전 왼쪽마당에는 김구가 자신이 명성황후 시해범을 처단한 후 한때 은거했던 마곡사를 해방 후에 다시 찾아 심은 향나무 한 그루가 서 있다. 향나무는 백범이 머물던 건물 벽면에 걸린 사진 속 김구에게 '저, 이렇게 잘 자라고 있어요!'라는 듯이 상록의 향을 품고 있었다.

안내를 하며 동행을 하게 된 사람은 점심시간이 다 되었다며 이야기한 닭백숙을 잘 한다는 식당이 있는 마곡사 후문 쪽으로 가야한다며 앞장섰다. 마곡사 정문을 나서며 바로 좌회전해 처음 가보는 이름난 피서계곡 상원골로 들어섰다. '7, 8월 두 달에는 찾아오는 피서객으로 발 디딜 틈이 없다'는 상원골은 임진왜란이나 6.25때에도 피난을 하지 않았던 예로부터 이름난 피난명당으로 널리 알려져 있는 곳이다.

큰길 옆에 바로 이어져 있는 식당 손님방에 들어설 때 다른 손님 한 팀이 먼저 자리하고 있었다. 곧 이어 손님들이 오기 전 수문했다는 토종닭 볶음이 푸짐하게 들어왔다. 잠시 후 식당 손님방 앞길에 검은색 승용차 한 대가 서더니 운전자와 정장을 한 반백의 노인이 함께 들어왔다. 닭볶음을 맛있게 들던 손님들이 모두 일어서며 "아니 웬일이세요? 어서 이리로 오세요!"라며 반갑게 맞으며 함께 하자며 자리를 권했다

옆 자리에 앉은 반백의 정장 노인의 옆모습을 보니 얼마 전 고위 공직에서 퇴임한 잘 아는 고교 동문이었다. 동문은 마곡사 신도회 회장(오늘 처음 알게 된)으로서 이 날 오후에 있을 "태화산 전통 불교문화원 개원식에 참석하러 왔다."며 "선배님은 보기에 신수가 아주 훤합니다."며 인사를 하였다. 우리 자리에도 토종 닭 백숙이 나왔다.

그들은 행사에 갈 시간이라며 먼저 떠났다. 헤어진 후 2년 전 이 지방으로 자릴 옮기신, 전에 다니던 성당 주임신부님을 한번 찾아보고 싶은 생각이 났다. 신부님이 계신 성당이 이곳 마곡사 후문으로부터는 20리 조금 넘을 거라는 동행인의 설명을 들으니 더욱 그랬다.

오늘 모처럼 나선 나들이 길에 마곡사 주차장 근처에서 만난 사람과 마곡사 후문 상원 골 식당에서 동문을 만나며 세상이 넓고도 좁은 것임을 다시 한 번 실감했다.

(2009. 6. 17)

# 제발 흉보지 말아다오!

성탄절과 연말 연휴를 앞두고 밀어닥친 한파는 아직도 고개를 숙일 줄 모르고 위세가 당당하다. 한파는 낮이면 한 시간쯤 걷는 운동마저 하지 못하게 하고 있다.

그러나 한파 속에 기온이 좀 올라가고 햇살이 퍼지는 그런 한낮이면 걷기에 나서본다. 나서기 전 방한 완전 중무장에 두툼한 장갑 입을 폭 싸는 입마개 미끄러지지 않는 바닥의 등산화를 신고 높은 산 등상에라도 나서는 사람처럼 나선다.

이러한 나를 아파트지하주차장 현관 입구 문을 열자마자 맨 먼저 맞는 것은 찬 강풍! 강풍은 걷기를 그만 두고 얼른 되돌아 들어가라는 듯이 문 안쪽으로 더 세차게 밀어붙인다. 그러나 이런 강풍에 밀리면 겨울철 걷기는 할 수 없지 않겠느냐는 뚝심으로 강풍을 밀어내며 걷기를 시작했다.

아파트 단지 남쪽 세 동이 서북풍을 막아주는 남녘 화단 옆에 난 산책로로 들어섰다. 산책로에 걷는 사람은 한 사람도 보이질 않고 이리저리 강풍을 타고 흩날리는 낙엽들만이 겨울 춤을 심란하게 추고 있었다.

왕 참나무에는 아직도 떨어지지 않은 바싹 마른 갈색단풍이 쪼그라든 채 떨어지지 않으려는 듯이 매달려 강풍에 시달리고 있었다. 강하고 강한 마삭 줄은 검붉은 갈색으로 물든 잎을 이고 마른 잎이지만 떼어 놓지 않으려는 듯이 동그랗게 한 덩이가 되어 추위를 함께 버텨내고 있었다.

병꽃 영산홍 진달래 황철쭉 단풍나무 이팝나무 등은 겨울잠에 한참 빠진 듯 바싹 마른 몸을 세워 하늘만 태양만 쳐다보고 있다. 이런 중에도 사철나무와 화살나무 산수유에는 붉게 익은 마른 열매들이 아직도 장식 등처럼 달려 겨울 속 결실의 가을 모습을 간직하고 있었다.

패잔병처럼 바싹 마른 몸으로 바람에 몸을 맡기고 서있는 구절초 바로 옆 사철나무 아래에서 눈길을 끄는 푸른 잡초 몇 포기를 보았다. 이름은 알 수 없는 앉은뱅이 모양을 한 잡초는 땅 바닥에 넓은 잎 대여섯 쪽을 펴고 아주 편하게 겨울을 버티고 앉아 있었다.

연일 영하 10도를 내려가는 강추위 속에서도 그런 추위에 아랑곳 하지 않고 봄여름 잡초처럼 아주 건강한 몸을 자랑하고 있었다.

산책길을 네 바퀴 걷고 나니 한 시간쯤 걸렸다. 잠시 손 운동을 하고 쉼터에 앉아 쉬며 혹한 속에 파랗게 건강하던 잡초와의 오늘 만남을 다시 생각했다. 그 잡초가 혹한 속에 보여준 모습이야말로 바로 자연의 힘, 강인한 생명력이라고!

잡초에게 다가가 방한 중무장을 하고 나온 나를 제발 꼴불견이라고 흉보지 말아달라고 간절히 입맞춤하며 미소를 지어보였다.

(2009. 12. 30)

# 귀향한 동창의 손

지난 19일은 서울에 사는 한 동창의 둘째 따님이 결혼하던 날. 7시에 대전을 출발 분당 셋째 누님 댁에 잠시 들러 인사를 드리고 결혼식장에 도착한 것은 10시 반경.

식장이 있는 12층에서 내리자마자 반기며 맞아준 사람은 대구에서 아침 일찍이 열차편으로 올라왔다는 동창. 그는 언제, 어떻게(교통편) 올라 왔느냐? 부터 물었다. 식장에 들어서는 복도 오른 쪽 벽에 죽 늘어선 축하 꽃들도 하객을 환하게 맞고 있었다.

먼저 신부의 이국풍의 미남 곱슬머리 아버지와 한복으로 곱게 차린 어머니에게 축하인사를 했다. 신부 부모 뒤 오른 쪽에는 다음 순서를 이어 받을 날씬하고 예쁜 두 예비 신부들이 아름다운 미소로 하객들을 맞아 그 단아한 모습에 한 번 더 눈길을 쏠리게 했다.

서울과 서울 근교에 사는 동창을 비롯해 대구 등 전국 여러 곳에서 많은 동기와 선후배 동문들이 참석해 마치 대고동창회 축소현장 같은 분위기가 돌았다. 이에 한 동창이 "혼주가 이제 전국구가 되었군!"이라고 농하자 옆에 있던 친구들도 입을 모아 "그렇군!"이라며 한바탕 크게 웃었다.

결혼식에 참석하는 것은 축하하는 것이 우선이지만 참석을 하면 식장에 온 얼굴 한번 보고 싶고 손이라도 한번 잡아보고 싶던 많은 친구들을 직접 만나 접촉할 수 있는 소중한 기회를 얻을 수 있기 때문이기도 하다.

한 주일에 두 번 꼴로 동창들과 어울려 서울 주변 산을 등산하며 즐기는 동창은 만나자마자 악수를 나눈 뒤 내 다리근육을 만져보고는 "너도 등산을 즐기지 않느냐!" 며 웃었다. 나도 그의 다리 근육을 만져보았다. 그의 다리 근육은 아주 단단해 그의 건강을 보증해주는 수표 같았다.

동창 중에 혼자 만년청춘이라 불리는 친구는 딱 벌어진 어깨를 내세우며 다가와 오랜만에 만난 기쁨을 실어 힘차게 악수했다. 잡아본 그의 양 팔 근육도 아주 단단했다. 헬스클럽을 열심히 다니며 운동을 한다는 그는 굳어져가는 근육을 풀어 주는 것이 무엇보다 좋다며 누구나 열심히 운동하면 다 된다며 안심시키듯이 쳐다보았다.

병고에 시달려 한 동안 얼굴을 통 볼 수 없었던 친구가 웃으며 나타났다. 별 힘도 없으면서 힘주어 그의 팔을 붙잡아 흔들었다. 그는 "아이고 힘 좋네!"라며 잡힌 손을 빼내려는 시늉을 했다. 이어 대구 딸부자 집에서 한 집 하숙을 하며 공군복무를 함께 하며 많은 일화를 만들었던 친구가 그의 브랜드 — 미소가 100% 살아난 모습으로 나타나 퍽 반가웠다.

몇 해 전 고향으로 내려가 그리던 고향 땅 — 어머니 품안에서 태양과 함께 땀 흘리며 열심히 일하며 재미있게 사는 덩치 큰 친구와 여러 해 만의 악수를 나눴다. 그의 손을 잡는 순간 다른 동창들의 손에서는 느낄 수 없었던 것을 느꼈다. 손바닥이 보다 두껍고 보다 거칠며 보다 두툼했다.

주류파들이 모인 피로연석에서는 늘어나는 빈 술병에 소리는 옛 날처럼 높아져 2차를 하자는 긴급동의가 쉽게 통과하는 모습도 보였다.

동창 따님의 결혼 덕에 많은 동창들을 만나고 내려오는 토요일 오후 가을햇살이 쏟아지는 경부고속도로 하행선 주행은 나들이 나온 차량들로 곳곳에서 정체현상을 빚었지만 즐거웠다.

고속도로 옆 가을 논은 벼로 누렇게 물들어 가득 차 있었다.

(2009. 9. 22)

# 대흥동 시절

대흥동 시절이란 시골에서 대전으로 이사 나와 초등학교 취학 이전부터 고등학교 시절까지 살던 때를 말한다. 대전에서 삼십 리 떨어진 금강 상류 변 시골에 살던 우리는 내가 다섯 살 — 1943년 2차 대전 때 대전으로 이사를 나오게 되었다.

이사를 온 뒤 미B — 29폭격기가 간다는 동네 사람들 말을 처음 듣고 뛰어 나와 아이들과 함께 손으로 눈부신 햇빛을 가리고 점과 같은 은빛 폭격기가 소리 없이 남기고가는 흰 비행운이 사라질 때까지 하늘을 마냥 쳐다볼 수 있게 한 이사였다.

대전으로 이사하며 우리 집은 초가에서 기와집이 되었다. 이사 온 집은 대전여중 앞 대흥동 기와집 주택가에 있었다. 집은 골목 남북으로 각각 다섯 채씩 들어선 북쪽 중간에 자리하고 있었다. 집은 기역자형으로 문간방 안방 가운데 방 사랑방 등 방 네 개에 대청마루로 지어져 있었다.

울안에는 샘, 옹기 항아리 반들거리는 장광, 마당 한 옆에는 자그만 채소밭, 그리고 마당 위에는 두 빨랫줄이 하얗게 쳐져있었다. 대문 안 오른 쪽엔 강아지 집, 채소 밭 한 귀퉁이에는 닭집도 있었다. 강아지집 앞마당엔 역기도 하나 있었다. 아궁이 달린 부엌에는 무쇠 검은 큰 솥이 걸려있고 장작도 쌓여있었다.

아래 이웃에는 3남 2녀를 둔 7명의 가정, 위 이웃에는 1남 3녀를 둔 6명의 가족이 단란하게 살고 있었다. 집 앞 길 건너 집에는 2녀만 둔 4명의 가정, 그 옆집에는 1남 1녀를 둔 4명이 한 가정을 이루고 있었다.

아래 집 아들 셋은 모두 초등 동문이고 첫째 둘째는 고등학교 선배였고 큰 따님은 초등동기동창이었다. 아래 집 2남은 나를 보기만하면 시골에서 이사 온 촌놈이라며 골려댔다. 이사 온 지 얼마 되지 않은 어느 날 그는 또 놀려댔다.

놀려대는 그에게 눈을 부릅뜨자 집 안으로 쏜살 같이 달아났다. 이러기를 몇 번. 벼르던 끝에 그를 붙잡아 한 대 때렸다. 반항하는 그를 길 옆 하수구에 밀어 넣었다. 이를 목격한 그의 형으로부터 한 대 얻어맞으며 다시는 싸우지 않겠다는 억지 약속도 했던 시절이다.

위 이웃 아주머니는 우리 집에 자주 놀러오셨으며 그 때마다 자기 집에 놀러오면 맛있는 것 해주겠다고 하셨다. 그리고는 '예쁜 우리 딸' 아무개 공부 좀 가르쳐달라며 "우리 딸 예쁘지 않느냐?"며 웃기도 했다. 중학생 때 여름 우리 집 마루에서 벌어진 점심 상추 쌈 자리에 오셔서는 내 코 밑을 유심히 처다 보고는 "어머! 얘 봐, 벌써 코 밑에 수염자리가 까맣게 자리 잡았네!"라 하여 얼굴을 붉히게 하기도 한 아주머니였다.

길 건너 우리 집 바로 앞집은 두 딸을 두고 있었다. 둘은 모두 다 연하. 그래도 이른 아침 등교시간이면 교복을 입고 나오다 맞은편에서 나오는 나와 마주치기라도 하면 대문을 닫고 되돌아 뛰어 들어가거나 부끄러워하며 골목길로 달아나던 시절이다.

바로 우리 이웃집은 1남 3녀를 둔 사업가의 가정. 따님 둘은 연배, 가운데인 외아들은 1년 연하, 그리고 그 아래엔 여동생, 이렇게 구성되었다. 이 집엔 큰 대추나무 한 그루가 가을이면 붉게 익은 대추 열매를 매달고, 민물생선을 유난히 좋아하시던 아저씨는 아예 샘을 어항 삼아 좋아하는 민물고기를 기르시며 가끔 부르시어 그 맛을 볼 수 있게 해 주었다. 풍금치기를 좋아하던 둘째 따님은 명문여대 기악과에 입학하여 피아노 연주자의 길을 갔다. 외아들은 고교 1년 후배로 '형! 형!'하며, 긴 머리 땋은 그의 여동생은 '오빠! 오빠!'하며 동생처럼 따랐었다.

마을 서쪽을 흐르던 맑은 물, 모래밭도랑에는 말잠자리 각시잠자리 붕어 송사리 등 여러 잠자리와 고기들이 자라 잠자리와 고기를 잡으며 어린 시절을 즐겁게 보내게 해 주었던 곳이다.

도랑 아래 동네에 있는 초등학교 교장 선생님 둘째 따님은 한 선배가 눈깔사탕을 주며 전해달라는 편지만 전하면 머리를 쓰다듬어 반기며 사택 울안 옥수수 쪄주고 풍금을 치며 동요를 함께 불렀었다.

날 촌놈이라 부르던 아랫집 둘째 1년 연배는 벌써 오래 전 미국으로 이민했으며, 나의 초등 동창인 그의 큰 여동생은 지금 대전에서 이름 있는 여성 사업가로 활동을 계속하고 있다. 교장 둘째 따님은 장상의 부인, 그의 큰 언니는 내 초등 은사님의 사모님이 되었다.

대흥동 시절은 모두 흑백시절로 바뀌었으나 그 동네 그 추억은 시간이 흐를수록 총천연색이 되어 다시 아름답게 피어오른다.

(2008. 11. 18)

# 꽃무릇 찾아 가을나들이

지난 22일 월요일 이른 아침 모처럼 가을나들이 길에 나섰다. 당초 예정했던 나들이가 일기예보 관계로 미루어져 기다리던 중에 이루어진 것이다. 유성 IC에 들어서 호남선 고속도로를 탔다.

고속도로를 달리며 누렇게 익어가는 벼 가득한 논, 은발의 꽃을 피워 반짝이는 억새풀은 가을을 비질하고 있었다. 전남 도 경계를 넘어 얼마를 달렸을까. 함평군 해보면 꽃무릇 큰 잔치 현장과 용천사 진입을 알리는 이정표가 눈에 들어왔다.

진입 입구 구름다리형 아치에 앉은 나비와 만개한 꽃무릇 조형물이 현장에 가려면 직진하라며 반기는 듯 했다. 길 양 옆은 물론 논두렁 밭두렁 산자락 빈자리마다 가꾸어진 꽃 무릇이 온통 빨갛게 만개하여 꽃천지에라도 온 기분이었다.

꽃 무릇은 푸른 나무 아직 마르지 않은 푸른 잔디밭 누렇게 물든 논과 조화를 이루어 더 아름다웠다. 꽃무릇 영상을 작품화하려는 사진동호인들, 꽃무릇에 반해 즐기는 가족을 찍기에 이곳저곳에서 바쁜 모습 또

한 한 송이 꽃으로 피어 있었다.

용천사에 이르는 길을 오르내리며 꽃무릇 화원을 두루 두루 돌아보고 또 다른 불갑산 상사화(꽃 무릇) 축제 현장으로 향했다. 이르는 길목 곳곳에는 모시 송편 들고 가라는 듯이 모시 송편집들이 상호를 내 걸고 있었으며, 단풍이 들기 시작한 벚나무 아래에는 꽃무릇이 붉게 피어 아름다움을 더 하고 있었다.

눈앞 모악산 아래 백제 침류왕 때 불교를 전파한 인도 승 마라난타가 창건하였다고 전해지는 불갑사의 모습이 들어왔다. 불갑사 오른 쪽 담과 저수지를 끼고 얼마쯤 오르니 상사화 전국 최대 자생군락지로 이르는 길은 오르내리는 사람들로 줄을 잇고 있었다.

눈이 닿는 곳마다 8월부터 피기 시작, 만개한 상사화는 붉은 꽃밭을 만들어 올 가을 절정을 장식하고 있었다. 나무 숲 그늘 아래 촘촘히 들어서 만개한 꽃을 보며 모악산 계곡을 타고 내려오는 선선한 바람을 맞아 매미와 풀벌레 산새들이 합창하는 가을 예찬 노래를 들으며 자연 별장 기분을 즐겼다.

내려오는 길에서는 다복한 삼나무의 녹색과 꽃무릇 붉은 꽃이 절묘한 조화를 이룬 봄과 같은 꽃밭에서 한 장만! 한 장만 더! 하며 아름다운 추억을 만들기에 시간가는 줄도 몰랐다.

전국 최대 상사화 자생군락지 모악산을 뒤로 하고 1514년에 인공조성된 것으로 전해지는 법성포 숲쟁이에 들러 높이 19 ~ 23m 느티나무 아래 평상에 누어 잠시 휴식을 취하며 느티나무 잎 사이로 바람 따라 살짝 살짝 얼굴을 내보이는 가을하늘도 보았다. 오후 4시가 넘어 그동안 한번 가보고 싶어 하던 백제불교 최초 도래지 — 법성포를 찾았다.

침류왕 원년 384년에 인도 간다라 출신의 고승 마라난타가 중국 동진을 거쳐 백제에 불교를 전하면서 최초로 발을 디딘 곳 — 이곳이 바로 법성포 좌우두인 것이다. 법성포 — 성인이 불법을 전래한 성스런 포구 — 에 세워진 부용루, 탑원, 간다라 유물전시관, 4면 대불상을 서둘러 보고 염주 알을 만드는 열매가 검게 익어가고 있는 모감주와 바닷바람 속 선홍의 꽃이 아름다운 백일홍 가로수 길을 뒤로 하고 나왔다.

일행은 시원하게 보이는 해안선을 낀 연인들의 드라이브 코스로 유명한 백수해안도로 왕복 34km를 즐겼다. 도로 백암 해안전망대에서는 영화촬영지 마파도에 가는 칠산 앞바다 뱃길이 노을에 곱게 물드는 것을 지켜보았다. 해안 절벽 위 노을정에서 되돌아올라올 때 미국에서 30년 만에 처음 나왔다가 30일에 마지막이 될지도 모른다며 돌아간다는 말찌나 수녀님을 우연히 만나 서로의 건강을 위하여 기도하기로 하고 헤어졌다.

해안 전망대 오른 쪽 예쁜 무인도 — 고두섬이 서서히 어둠 속에 그 모습을 감추어갔다. 밤 10시반경 집으로 돌아오는 호남고속도로 상행선 여산 휴게소 근처를 달릴 때 갑자기 소나기가 시원하게 쏟아져 하루의 피곤을 싹 씻어가고 있었다. 낮에 취했던 꽃무릇 큰 잔치와 상사화축제를 온통 붉게 물들였던 꽃밭이 가을 밤 어둠 속에 다시 활짝 피어올랐다.

(2008. 9. 24)

# 소머리국밥만 파는 걸요!

가을 기운이 완전히 들어선다는 처서인 지난 23일 평일과 달리 빠른 시간에 저녁을 해결하기로 했다. 평일과 달리 저녁을 빨리 해결하려는 것은 저녁 7시부터 금메달을 놓고 대한민국 팀과 쿠바 팀이 벌이는 2008년 베이징 올림픽 야구 결승전 TV생중계를 시청하기 위해서였다.

저녁은 이왕이면 생각나는 소머리국밥으로 하고 싶었다. 그러나 며칠 전에 찾았을 때 임시휴업이라 써 붙여 놓아 헛걸음을 했던 그 식당이 영업을 할까, 은근히 걱정되었다. 다행히 식당은 문을 열고 영업 중이었다.

들어선 식당 홀에서 함께 마늘을 까고 있던 부부가 반겨주었다. 반기는 부부에게 며칠 전 찾았을 때는 임시휴업 중이었는데 어디 좋은 곳에 휴가라도 다녀왔느냐고 물었다. 헛걸음을 하게 해 대단히 죄송하게 되었다며 고향에 다녀 올 일이 있어 이틀간 임시 휴업을 했었노라고 했다.

"국밥이지요?"라고 우리에게 확인한 남편은 주방장을 맡고 있는 부인에게 주방창구에 대고 국밥을 시켰다. 그 사이 고향에 볼 일이란 무엇이냐고 물어보았다. 지난 5년간 국밥집을 하는 막내 딸 내외의 수발을 받아온 어머니(94)가 고향에 가서 살던 집에서 살고 싶다며 막내 딸 내외에게 기회 있을 때마다 부탁, 부탁해 고향 집에 모셔다 드리고 왔다는 것이다.

국밥을 시켰던 남편이 부인의 무슨 말을 듣고 오더니 "추어탕도 드시느냐?"고 물었다. "이제 새 메뉴로 추어탕도 하느냐?" 고 했더니 그게 아니고 고향에 간 김에 고향 장터에 나온 토종 미꾸라지를 만날 수 있어 운 좋게 사와 둘이서 먹으려고 아침에 끓인 것이라고 했다.

잘 양념되고 알맞게 익은 배추김치와 깍두기가 밑반찬으로 나왔다. 부인은 추어탕에 진도 지방에서 넣는 방아 잎을 넣지 못해 아쉽지만 토종 고사리를 넣어 끓인 것이라 맛이 다를 것이라고 했다. 박하 향내가 나는 추어탕에 청양고추 다진 것을 넣고 간을 맞추니 탕맛을 새롭게 더해주었다.

이 식당을 즐겨 찾아가는 것은 그 식당에서는 다른 곳에선 좀처럼 맛보기 힘든 소머리국밥 그 옛맛을 볼 수 있기 때문이다. 소머리국밥 맛을 더해주는 식구들이 먹기 위해 집에서 담근 것과 다름없는 배추김치와 깍두기를 곁들여 먹을 수 있기 때문이기도 하다.

추어탕 집은 많지만 대부분이 소문대로 수입 미꾸라지에 잡어를 넣어 끓이는 때문인지 추어탕 참맛을 보기가 좀처럼 어려운 요즘이다. 잘 먹는 우릴 보고 "탕 국물 더 드릴까요?" 라며 탕 국물 한 방울 없이 싹 쓸어 먹은 탕 그릇을 본 부인은 맛있게 드셔서 고맙다며 다음에 추어탕을 끓일 때는 연락을 드릴 것이라며 전화번호를 확인했다.

소머리국밥 먹으러 갔다가 생각지도 않은 진국 추어탕을 한번 잘 먹은 저녁이었다. 생방송을 보러 자릴 뜨며 소머리국밥 값으로 쳐서 추어탕 값을 받으라 했으나 '우리 집에선 소머리국밥만 파는 걸요!'라며 손사래를 저었다.

(2008. 8. 27)

# 정을 주는 사람들

지난 6월 하순께 잘 찾아가는 식당을 찾았다. 대전 구시가지 골목길에 있는 단층 가건물이다. 식사를 마치고 나오는데 문 앞에 나와 서 있던 식당 여 주인이 "차 어디에 주차시켰느냐?"고 물었다.

공영주차장이라고 했더니 순간 여 주인은 다소 난감한 표정을 지었다. "선생님이 좋아하신다는 감자를 좀 드릴까 하는데요."라며 식당 문 앞 건너편 길 위에 놓여있는 포대를 가리켰다.

속리산 아래 자락에 사시는 시댁에서 강원도 감자 씨로 농사지어 캔 감자라며 조금 드리고 싶다고 했다. 동행했던 젊은이가 차에 싣는 것은 걱정하지 마시라고 했다. 이 식당에서 주는 감자를 얻어 온 지도 벌써 여러 해가 되었다.

선지 백반이 생각나면 찾아가는 집이 대전 옛 충남 도립병원 자리 아파트 단지 입구 오른 쪽에 있다. 이 집 아줌마는 식사 후 나설 때면 언제나 검은 비닐봉지에 넣은 구수한 누룽지를 주며 "누룽지 좋아하시지 않으세요?" 라며 웃고는 누룽지가 적어 미안하다며 오히려 미안해하는 인사를 잊지 않았다.

사골을 밤새 고와 만들었다는 선지국물은 말 그대로 진국이다. 1인분이라도 사 갈 양이면 2~3인분이 족할 양을 주어 "우리가 오면 오히려 손해가 나겠다."고 농하면 그렇지 않다며 "자주 오시기나 하라."며 수줍은 듯 입을 가리고 웃었다. 이와 같은 식당 또 한군데가 금강 변에도 있다. 이 음식점 맏며느리는 시어머니에 이어 2대째, 갈 때마다 챙겨두었던 누룽지를 준다.

위에 든 식당들은 모두 변하지 않는 음식 맛이 그리워 30여 년을 찾아가는 곳이며, 다소곳한 식당 여 주인이 바뀌지 않은 곳이며, 언제나 한결 같이 이웃 아주머니처럼 맞아주는 곳이라는 공통점이 있다.

며칠 전 가을을 재촉하는 비가 하루 종일 내리던 날이다. 외출에서 들어오며 우편물 함에 붙어있는 쪽지에서 경비실에 우편 택배물이 보관되어 있다는 것을 알았다. 경비 아저씨는 몸이 다소 불편한 나를 보고는 자신이 빗속을 걸어 택배물을 엘리베이터 안에까지 가져다 주었다.

동네에는 병원에서 처방된 약을 사러 가는 단골 한 약국이 있다. 며칠 전 처방된 한 달분 약을 사러 갔을 때다. 문을 열고 들어서자 여 약사의 남편은 "아저씨! 어서 오세요."라며 "마시고 좀 기다리시라."며 시원한 음료수 한 병을 주었다.

얼마쯤 시간이 지나자 조제를 다 마친 여 약사는 약값은 얼마지만 얼마만 받겠다며 음료수 한 병을 더 주며 "집에 가셔서 어머님과 꼭 함께 드시라."며 주었다. 이 약국만 가면 약사 내외는 우리 내외를 남들이 부르는 대로 할아버지나 할머니로 부르지 않고 언제나 아저씨나 어머니로 불러줘 듣기도 좋고 그들도 좀 더 젊어 보인다.

이웃에 사는 한 친구는 여러 해째 자신이 시골에서 농사지어 계절 따라 나오는 청정한 무공해 채소류를 맛보게 해주며, 며칠 전에는 밤 농원에서 자신이 주운 올해 첫 밤이라며 가져와 햇밤 맛이나 보라며 활짝 웃었다.

(2008. 9. 10)

# 첫 한파 녹인 칼국수

며칠 전 점심때쯤 도심 한 사설주차장에서 차를 몰고 나오려고 할 때였다. 차 앞을 막 스쳐간 베이지색 차가 바로 내 차 앞에서 섰다. 혹시나 무슨 일이…? 차를 쳐다보았더니 한 사람 두 사람…. 이렇게 네 사람이 차에서 내려 내 차로 다가오며 웃음 띤 얼굴로 인사를 했다.

차창을 열고 보니 한 때 함께 같은 회사에서 근무했던 후배들이었다. 회사를 나와 사회로 돌아온 지 벌써 15년째에 접어들었다. 그간 후배들 머리는 희끗희끗하게 되었고 웃던 얼굴엔 주름이 깊어보였다. 그들은 현역 시절 잘 다니던 손칼국수집으로 점심을 하러간다는 것이었다. 그들과 칼국수를 함께 하지 못하고 아쉽게 헤어지며 기회가 닿을 때 그 손칼국수집을 찾아야겠다고 맘먹었었다.

지난 5일은 올겨울 들어 첫 한파주의보와 대설주의보 ― 경보가 내려진 매서운 동장군이 맹위를 떨치던 날이었다. 이 날 시내에서 볼 일을 보기 위해 며칠 전 주차했던 그 주차장에 주차를 했다. 그곳에서 만났던 후배들이 말했던 그 손칼국수집 칼국수가 생각났다.

손칼국수 집을 찾았을 때는 바로 점심시간 ― 문을 열고 들어서자 홀 안에 가득 찬 사람들이 눈을 가득 메웠다. 다행히 바로 입구 앞에 자릴 잡을 수 있었다. 그 집이 자랑하는 돼지고기 삶은 수육 한 접시를 먼저 시켰다. 수육은 주문이 밀려 나오는데 시간이 좀 걸렸다. 몸소 나서 홀 안에 서빙을 하던 여사장이 잠시 기다리라는 말을 두 번이나 했다.

잠시 뒤 수육이 나왔다. 이 집 수육은 기름을 쪽 빼서 삶고 썰기도 잘 썰어 맛을 더해준다고 평이 나있다. 함께 나온 시커먼 열무김치. 우선 열무김치 맛을 보았다. 아주 적당하게 잘 익어 기대하던 그 열무김치 맛이었다. 열무김치와 함께 나온 지 고추 다지기. 노릿 노릿하게 잘 삭힌 지고추(소금이나 간장에 절이거나 삭힌 고추) 다지기 맛도 기대하던 바로 그 맛이었다.

수육을 반쯤 들었을 때 김을 무럭무럭 내며 구수한 국물 맛을 풍기며 푸짐한 손칼국수가 왔다. 멸치우린 국물에 바지락과 감자 썰어 넣어 끓인 칼국수 국물에 지고추를 넣어 한 수저 먹어 맛보았다. 손칼국수 국물 맛 역시 기대하던 바로 그 맛이었다.

홀 안 식탁 이곳저곳에서는 한파에 언 사람들이 반주 한 잔씩을 나누며 호탕한 웃음과 이야기꽃들을 피우며 매서운 한파를 녹여내고 있었다. 평요일 점심시간이라 넉넉하지 못한 시간이지만 모두들 넉넉한 마음으로 소탈한 손칼국수 점심을 즐기며 소박한 행복을 나누는 모습들이었다. 방안에 자리한 한 패는 벌써 송년회식이라도 하는지 "우리 모두 새해에 다시 만나자!"는 건배사가 흘러나와 홀 안에 퍼졌다.

일어설 무렵 옆 자리에 두 여성이 자릴 잡고 앉았다. "여기는 처음이지? 이 집 손칼국수 수육 아주 맛있거든. 어디 한번 먹어봐!" 아마도 새내기 직장 후배를 데리고 온 선배의 말 같았다. 한 자리 건너 앉았던 젊은이들은 큰 그릇 가득한 칼국수 국물을 후룩후룩 마시며 아주 만족해 하는 웃음을 나누고 있었다.

지고추 넣은 그 칼국수 뜨끈한 국물 덕인지 매섭던 첫 한파 추위가 훨씬 덜 느껴졌다.

(2008. 12. 10)

《작품 해설》

# 나눔과 배려, 사랑의 정서적 함수

— 박천규 수필가의 작품세계

문학평론가 리 헌 석

(사) 문학사랑협의회 이사장

## 1. 박천규 수필가를 찾아서

수필가 백천(佰泉) 박천규(朴千圭) 선생은 1938년 7월 19일 충남 대덕군 동면(대전광역시 동구)에서 출생합니다. 그 고향은 현재 대청호 수몰지역입니다. 가려고 해도 찾아갈 수 없는 고향 마을, 물속에 담겨있는 그 언저리에서 망연히 바라볼 수밖에 없습니다. 그리하여 고향에 대한 그리움은 헤량할 수 없는 크기로 선생의 내면에 남아 있습니다.

가을 추수철에 고향을 찾을 때마다 찾아보던 수령 700여년을 자랑하던 마을 수호신 은행나무도 대청댐 담수와 함께 사라져, 고향을 찾아도 그 어느 곳에서도 그 흔적을 찾을 길이 없다. 고향 큰집 뒷산 봉댐이 아래 모여 있던 고향동네 초가집도, 초가집을 둘러싸던 탱자나무도 영상으로 머릿속에만 남아 있다.

고향집에서 내리막길을 따라 장터에 이르면 무성하던 나무 숲속의 정자도 보이지 않는다. 고향 사람은 물론 외지사람들이 많이 찾아 여름을 보내던 금강 변 소나무 숲 울울하던 송정도 사라졌다.

명절이나 집안 큰 일이 있을 추울 때면 두루마기 한복을 입은 아버지와 어머니를 따라 호호 손을 불며 고향을 찾아가던 자갈길에 줄지어 섰던 미루나무 신작로도 없어졌다.

— 「내 고향 지금 어디에」 일부

이 작품에서 선생은 〈내 고향은 대청댐 담수가 시작되던 1979년부터 수몰되기 시작해 완전히 수몰〉 되었다면서. 〈이를테면 나도 수몰민〉 이라고 합니다. 어느 날 형으로부터 받은 선물은 〈고향 앞을 흐르던 냇가에서 주워온 돌〉 이었습니다. 선생은 그 돌들을 〈목욕도 시키고〉 〈바싹 마른 돌에도 물을 흠뻑〉 줍니다. 그러면 돌도 화분의 꽃처럼, 나무처럼 생기를 찾아 고향의 산천을 대신하는 것 같아 향수(鄕愁)를 달랩니다.

선생은 어린 시절에 부친을 따라 대전의 중심지로 이사합니다. 대흥초등학교를 졸업하고, 최고 명문인 대전중학교, 대전고등학교를 거쳐 충남대학교 사학과에서 수학합니다. 공군사관 장교 후보생으로 입대하여 공군 정훈장교 중위로 군 생활을 마칩니다. 그 다음해 대전문화방송 취재기자로 입사하여, 보도국장, 심의실장, 총무국장, 상무를 역임하면서 '잘 나가는' 언론인의 길을 걷습니다. 방송국 기자로 활동할 때 동아일보 이정구 기자를 만난 인연으로 부부가 함께 가톨릭 신자가 됩니다.

1989년 부활절을 앞둔 4월 15일 선배님 —시몬을 대부로, 부인— 수산나 자매님을 대모로 하여, 나는 대건 안드레아, 아내는 마리아로 영세를 해 주님의 자녀로 각각 태어났다. 같은 해 5월 28일에는 두 분을 대부와 대모로 하여 견진성사도 받았다.

그러나 영세 이후 세례를 왜 받았는지, 하느님은 정말로 계시기나 한지, 후회도 되고 의심스런 마음도 들게 하는 그칠 줄 모르는 병고로 인한 시련과 고통이라는 너무나 긴 터널이 계속되었다.

— 「영세가 안겨준 지팡이」 일부

영세를 받고, 견진성사를 통해 신앙이 깊어질 무렵 예기치 않은 아픔이 선생 부부를 찾아옵니다. 1993년초 가을에 뇌경색으로 좌편마비가 찾아오고, 간병하던 아내(김순옥 마리아)도 1995년 역시 뇌수술을 한 후 찾아온 좌편마비로 가정의 평화가 흔들립니다. 병고의 후유증으로 1994년에 방송사를 퇴임하여 재활훈련에 돌입합니다. 그러나 삶의 구름은 다시 찾아옵니다. 2002년에 후두암 판정을 받아 언어장애를 갖습니다. 방송기자였던 선생에게 언어장애는 '삶' 모두를 거두어 갈 정도로 형언할 수 없는 아픔이었을 것입니다.

자신의 아픔을 극복하는 것도 힘들 터인데, 아내에게 찾아온 병마도 쉬지 않습니다. 신장암 수술, 척추 수술, 그 후유증으로 야기된 '하지 부종' 등 아픔의 터널이 계속됩니다. 긴 터널을 지나면서도 부부가 절망을 극복할 수 있었던 것은 신앙의 힘이었습니다. 〈주님에 대한 사랑과 믿음을 키우고 키워〉 어떠한 병마가 나타나더라도 두려워하지 않습니다. 치료와 재활훈련을 계속하면서 독서에 열중합니다.

직장 생활을 끝내고 나오던 1994년부터 책을 새 친구로 여기며 사귀고 있다. 매일 아침에 일어나면 먼저 기도를 한 다음 지인이 신문에 실린 글 중에서 골라 보내오는 내 입맛에 맞는 수필과 에세이 4, 5편을 읽고 나서 역시 지인이 사보내온 책을 읽는다. 하루 독서 기본량을 정해 읽는다.

— 「안중근 의사의 책사랑」 일부

이와 같은 독서에 의해 형성된 사색의 깊이가 '자신의 글'을 빚게 작용합니다. 그리하여 동창회 회보, 교회 주보 등 여러 곳에 발표를 하게 되고, 이 글을 읽은 독자들, 특히 셋째 누님 내외의 독려와 성원에 의해, 2004년에 첫 수필집 『어머니 태어나신 곳을 다녀왔습니다』를 발간합니다. 이를 계기로 수필 창작에 열중하여 대전가톨릭문학회에 입회하게 되고, 뛰어난 작품으로 2012년 문학전문지 《문학사랑》 신인작품상 수필부문에 당선하여 등단합니다.

수필가로 등단한 후 선생은 더욱 따뜻하고 아름다운 수필을 빚습니다. 그리하여 '2016년 상반기 우수작품상'을 수상합니다. 이 상은 500여 명의 문인과 독자들이 투표하여 선정하기 때문에 수상을 한 문인에게는 자긍심을 고취합니다. 이를 계기로 준비해 왔던 두 번째 수필집 『배려와 양보의 향기』를 발간합니다.

## 2. 스스로 짓는 행복의 함수

백천 박천규 선생은 일제 강점기에 태어나고, 어린 시절에 민족의 비극인 6.25의 참상을 겪었지만, 부모님을 비롯한 주위 사람들의 사랑을 받으며 성장한 것 같습니다. 사랑을 받아본 사람이 사랑을 나눌 줄도 안다는 말처럼, 부모 형제를 비롯하여 이웃의 사랑을 듬뿍 받으며 성장한 선생이었기에 세상을 긍정적으로 바라볼 수 있었습니다

직장생활과 사회생활도 남부럽지 않았으며, 신앙 역시 두터웠던 것 같습니다. 선생이 추억하는 어머니의 사랑과 음식솜씨, 이웃들이 나누어주는 배려는 그 시기에 아무나 받을 수 있는 일이 아니었기 때문입니다. 후일 병마로 인해 고통을 받으면서도 긍정적 세계관을 형성하는 데

에는 성장기에 받았던 사랑이 크게 작용했을 터입니다.

호박잎 쪄 쌈 싸 먹고 칼국수 먹는 일은 이제 제 생일 전후에는 빼놓을 수 없는 엄니의 살아있는 기념음식이 되었답니다. 중고등학교 때 전등 하나 켜고 외풍이 센 방에서 이불을 뒤집어쓰고 공부할 때면 한밤중에 고구마를 쪄 진잎김치와 쭉쭉 쪼갠 무, 김치 국물을 한 그릇 가져다주시며 많이 먹고 잠을 깨 공부하라 하시던 그 목소리, 그 맛이 새롭게 그리워진답니다.

— 「엄니, 찬국수 해줘요!」 일부

앞의 인용문에서 독자들은 어머니의 사랑을 공유할 수 있습니다. 어머니는 막내로 태어난 선생을 특별히 사랑한 것 같습니다. 〈(어머니께서는) 이런 말도 자주 하셨지요. 10남매 중 막내로 태어난 넌 옷 하나 제 몸에 맞는 것은 입어보지도 못하고 형들이 입던 낡고 큰 옷가지만 얻어 입고 자랐다며 가슴 아파하셨지요.〉라는 회상(回想)을 통해 어머니의 마음을 그려냅니다. 이는 교장을 역임한 형님도 같은 생각이었습니다. 선생의 형님은 학교 앞 시외버스 정거장 시골 장터 초가집 칼국수 집에서 국수를 들며, 〈"그래 바로 이 맛이 우리엄니 손칼국수 맛이다!"〉라고 찬사를 연발하며, 〈농번기만 되면 우리 시골집은 엄니의 손칼국수로 온 동네 온 식구가 칼국수잔치를 한판씩 치렀다.〉고 기억합니다.

어머니에 대한 추억을 되살린 선생은 〈엄니, 저는 지금도 무더운 여름철만 되면 엄니께 조르던 "엄니 찬 국수 해줘요!" 소리 속에 고향 뒷동산 아래 시원한 옹달샘 물에 말아주시던 엄니 손칼국수 그 맛을 찾아 맛집 사냥을 잘 다닌답니다.〉라고 하늘나라의 어머니께 고백합니다. 어머니의 사랑은 이웃 아주머니들의 배려로 전이되어 나타납니다.

여동창생 어머니는 수시로 다 무너진 판자 담 너머로 등교하는 나를 불러 다가서게 하고는 "청기야, 엿 따 깡개!"라며 둥글게 뭉친 누룽지 덩어리를 주며, 학교 가는 길에 먹으라며 손을 흔들며 웃어주었다.

오른 쪽 집 후배 남학생 어머니도 가끔 "청기야!"라며 불러서는 "저녁에 집에 꼭 놀러 오라!"고 했다. "**아버지가 부산에서 먹을 것을 많이 사왔다."며 와서 함께 먹자는 것이다. 어느 날 갔을 때는 보기도 힘든 귤을 많이 사와서, 많이 먹으라고 해 모처럼 귤 맛을 즐긴 일이 있다. 이밖에도 민물고기 회를 좋아하던 아저씨는 부산출장 길에서 돌아오면 민물 회를 즐기는 바람에 민물고기 회도 여러 번 맛보았던 일이 생생하다.

— 「청기야, 엿따 깡개!」 일부

이처럼 사랑을 받으며 성장한 박천규 선생은 자신도 어려운 사람들에게 사랑을 베풀며 살아갑니다. 소소한 물질도 서로 나누지만, 마음과 마음을 나누면서 지기지우(知己之友)의 관계를 맺습니다. 선생의 글에서는 많은 사람들이 자신을 도와준 고마움을 표현하고 있습니다만, 그러한 고마움 이면에는 선생의 관심과 사랑이 먼저였음을 쉽게 알 수 있습니다.

그리하여 선생의 눈에는 훌륭한 일을 한 사람들에 대한 존경과 찬사가 중심을 이룹니다. 「6.25에도 소실 되잖은 문화재」에서는 전란 중에도 훼손되지 않은 운조루의 일화를 소개합니다. 좌익 빨치산이 창궐하던 지리산 문화권에서 불타지 않고 살아남은 까닭을 밝힙니다. 운조루 사랑채 옆에 쌀 두 가마 반이 들어가는 쌀 뒤주에 쌀을 담아놓고, 가난한 사람들은 아무나 쌀을 가져갈 수 있게 한 덕망(德望)을 기립니다. 이는 「네 살 된 시민 헌납 공원」에서도 거금 100억원을 희사하여 2만여 평의 시민공원을 헌납한 유림(裕林) 이인구 님의 뜻을 기립니다. '유림공원'에서 시민들이 자연을 완상하며 휴식할 수 있기를 소망합니다. 또한 장태산 자연 휴양림을 조성한 임창봉 선생에게도 감사하는 마음을 글에 담습니다.

선생의 이런 마음은 주위 모든 사람에게 전이되어, 서로 돕고, 서로 도움을 받으며 살아갑니다. 어려운 사람들끼리 서로 베푸는 사례가 여러 작품에 나타납니다.

> 문을 열고 들어서는 순간 "반갑습니다!"는 인사말이 맞았다. 인사를 한 장애우는 활동보호자가 끌어주는 수동 휠체어를 타고 다녀야만 하는 중증 장애우. 그는 목욕탕 문을 열고 들어서는 자기 세면대 앞 거울에 비친 내 모습을 본 모양이다.
>
> 그 옆 자리에 앉아 머리를 감고 세면을 한 뒤 면도를 하려 할 때다. 그가 내 뒤로 옮겨 앉는 것이다. 내 등을 닦아 주겠다고 어눌하게 말하며, 활짝 웃으며 쳐다보았다. 활동보호자의 도움을 얻어야만 목욕을 하는 그가 내 등을 닦아주겠다는 것이다. 내가 닦겠다고 했으나 그는 웃으며 내 타월과 비누를 가져가 휠체어에 앉은 불편한 몸, 힘없는 손으로 등을 닦아주었다.
>
> ― 「휠체어 장애우가 쳐준 종소리」 일부

중증 장애우의 배려를 수용한 선생의 자세가 오롯합니다. 자신보다 더 심한 장애우가 자신에게 관심과 배려를 보일 때 선뜻 응하기는 쉽지 않은 일입니다. 이의 자연스런 수용은 베풀고자 하는 사람의 순수한 마음에 대한 선생의 배려이기도 합니다. 서로가 나누는 관심과 배려는 사회를 아름답게 변화시킵니다. 이러한 일들이 자연스럽게, 그리고 여러 상황에서 수용되는 사회는 건강하게 마련입니다.

그리하여 선생은 법정 스님이 한 말씀, 〈내가 나를 만듭니다. 생각과 말과 행동은 우리 정신에 깊은 자국을 남깁니다. 그것은 마음 밭에 뿌리는 씨앗과 같아서 이 다음에 반드시 그 열매를 거두게 됩니다. 어떤 나를 만들 것인가는 나 자신의 결단에 달려 있습니다.〉라는 경구(警句)를 마음에 담아두고 스스로 실천하는가 봅니다.

## 3. 나눔과 배려의 정서적 함수

수필가 박천규 선생의 수필은 주로 착하고 고마운 사람들의 아름다운 이야기를 담고 있습니다. 물론 아름다운 이야기 속에 상대적 인물이 등장하기도 하지만, 작품의 중심은 사랑과 배려에 바탕하고 있습니다. 인성의 선한 바탕에 가톨릭 신앙의 사랑과 봉사 정신이 결합한 것으로 보입니다. 또한 독서를 통해 습득한 훌륭한 인물들의 일화(逸話), 그 간접 체험의 내면화도 선한 눈으로 세상을 바라보게 하였을 터입니다.

특히 마더 테레사의 '두 체험'에서 받은 감동이 컸던 것 같습니다. 가톨릭교회의 수녀가 〈나는 사랑의 위대함을 힌두교도인 네 살짜리로부터 배웠다.〉는 고백은 선생의 의식 속에 혁신적 아이콘으로 기능하였을 터입니다. 이와 함께 27년간 감옥에 갇혀 있다가 석방된 다음, 미움과 원한을 물리치고 수감실의 간수를 대통령 취임식에 초대하고 소개한 남아프리카공화국 만델라 대통령의 '열린정신'에도 연유하는 것 같습니다. 그러나 근원적인 작용은 체험에 의해 형성된 내면의 반향(反響)으로 보입니다.

> 그녀는 김장을 담그고 나오면서 "내년부터는 저희들 김장은 더 이상 걱정하지 마시라."고 말씀드렸다. 이에 은사님은 "그런 소린 하지 마! 내 텃밭에 내가 무공해 배추를 열심히 길러, 주고 싶은 주변 사람들에게 조금씩이나마 나눠주는 기쁨이 나에게 더 큰 기쁨을 안겨주는 걸!"이라며 손사래를 지으시더라는 것이다.
>
> 「정년을 모르는 은사님의 사랑」 일부

'2016년 상반기 우수작품상'에 선정된 작품입니다. 박천규 선생과 이웃 가톨릭 '자매'의 대화로 시작한 이 작품은 '제자에 대한 변함없는 스승의 사랑'을 소개합니다. 물질주의와 개인주의가 팽배하여 부모와 자녀, 스승과 제자, 이웃과 이웃의 정이 메말라가는 시대에 청랑(晴朗)한 물소리와 같이 아름다운 이야기입니다. '은사'와 '최선일 자매'는 초등학교에서 중등학교, 결혼 중매 등으로 이어집니다. 은사의 밭농사로 김장을 같이 나누는데, 그 과정의 부분입니다.

특히 결말 부분의 〈정년을 모르는 은사님의 한결 같은 사랑을 받으며 오늘도 행복하게 살아가고 있다.〉 〈은사님 내외는 시집간 따님 집 가듯이 내왕하며 만남의 인연을 이어가고 있어 주위의 부러움을 사고 있다.〉는 구절에 박천규 선생의 내면이 투영되어 있습니다. 이러한 일화를 바탕으로 자신도 스승에 대해 추억하며, 때로는 국립 대전현충원을 찾아 스승을 기리기도 합니다.

> 세 초등은사님이 남겨준 소중한 추억들을 잠시 돌아본다. 현충원에 호국영령으로 모셔진 은사님은 방과 후 분필로 글자를 바르게 쓰는 방법을 가르쳐주셨고, 틈을 만들어 풍금 치고 노래하는 방법도 가르쳐 주시려고 애쓰셨다. 검은 태 안경의 은사님 모습과 선창하시던 노래 소리가 들리는 듯도 하다. 검은 턱수염에 다른 은사님(89세)이 남겨준 추억의 선물은 내가 크레온으로 그린 불조심그림을 보시고 '천규 그림 잘 그리네!' 칭찬하시며 교실 뒷벽에 붙여놓게 하셨던 일 또한 잊을 수 없는 상록의 추억 한 장이다. 더하여 점심시간에 연서를 전해 달라 하시며 답서를 받아 오라시던 러브레터이야기는 아직 젊기만 하다.
>
> —「초등 동기동창회 어언 40년」 일부

대홍초등학교를 졸업한 지 60년을 넘기었을 때, 선생은 세 분의 은사님을 추억합니다. 한 분은 현충원에 모셔진 군 출신(해병대 대령)이시고, 두 분은 91세와 89세로 생존한 분들입니다. 글씨를 바르게 가르치신 분, 그림을 잘 그렸다고 칭찬하신 분 등을 추억합니다. 특히 한 분은 어린시절에 직접 선생님의 연서를 전달하여 결혼에 이르게 한 분이어서 더욱 애틋하게 그립습니다. 특히 6.25 전쟁 중에 참전한 선생님이 전사한 이야기는 평생 가슴에 새겨져 남아 있는 아픔일 터입니다.

> 피난살이를 끝내고 9.28수복 후 집으로 돌아왔다. 기다리던 학교를 찾았다. 구미역 광장에서 만났던 선생님이 보이지 않았다. 아직 제대를 하지 않으셨는데 '곧, 제대하시고 올 것'이라는 소식만 귀동냥했다. 그 뒤 기다리고 기다려도 뵐 수가 없었다. 집에서 학교에 가는 길목에 있는 선생님 댁을 지나며 철 대문을 살짝 열어 울안을 들여다보았다. 그러나 아무런 인적도 느껴지지 않았다.
>
> 그 다음해였을까? 등굣길에 선생님 댁을 또 찾아보았다. 붉은 장미꽃 흐드러지게 펴 담장에 늘어진 선생님 댁 철제 대문 위에 보이지 않던 청색과 붉은 색 글씨의 현판이 보였다. 태극기 그림 아래 '호국영령의 집' 이라 써 있고 선생님의 존함을 비롯해 다른 세 명의 이름이 그 아래 나란히 써 있었다.
>
> — 「은사님과 참외」 일부

6.25 한국전쟁이 일어나 선생의 가족이 남쪽으로 피난을 가던 길, 구미역에서 김밥을 먹을 때 '멸공!' '필승!' 등의 붉은 글씨 머리띠를 두른 수많은 젊은이들을 봅니다. 그때 한 사람이 일어나 가족 쪽으로 달려 나오며 '박천규'를 부릅니다. 바로 초등학교 담임선생님이셨고, 서로 부둥켜안고 반가운 인사를 나눕니다. 피난길에 징집이 되어 열차를 기다리는 선생님에게 어머니는 노점상으로부터 참외 몇 개를 사서 깎아 드립니다.

그 후의 이야기가 앞의 예문입니다. 그 다음해에 다시 선생님 댁을 찾아보는 것은 스승에 대한 궁금함이겠지만, 한편 인정의 표출이어서, 이런 자세가 선생을 오늘의 수필가로 만든 것 같습니다. 담임선생님을 비롯한 4형제가 전쟁의 와중에 전사한 것입니다. 이렇듯이 박천규 선생의 어린시절에 대한 글은 우리 현대사의 질곡을 증언합니다. 선생은 오랜

세월이 흐른 현재에도 〈현충일을 앞두고 국립대전현충원 가는 길가에 있는 상가에 들러 노란 참외를 사 그 단 내음을 흠벅 들여 마셨다. '호국영령이 되신 선생님에게 평화와 안식이 늘 함께 하시길 빕니다.'〉라는 변하지 않는 정서로 작품을 빚습니다.

## 4. 수필 창작의 예술적 공유

수필의 특성을 〈규범적 형식이 있는 타 장르보다 비교적 수필은 자유롭다.〉 〈지은이의 개성이 잘 드러나는 고백 문학이다.〉 〈느낀 것, 생각한 것을 자유자재로 서술할 수 있다.〉 〈생활이나 체험, 생각이나 느낌 등을 붓 가는 대로 솔직하게 서술한 글이다.〉 〈구성이 일정하지 않은 수필에서는 유머, 위트, 비평정신이 중요한 요소이다.〉 등으로 정리하고 있습니다. 그렇지만, 자칫 수필이 흐를 수 있는 평면성과 건조성을 극복하기 위해서는 아름다운 정서를 환기할 수 있는 표현의 멋이 요구됩니다.

박천규 선생의 작품에서는 이에 부응하는 '표현의 멋스러움'을 신선한 제재, 세밀한 묘사, 따뜻한 인간관계 등으로 생성(生成)합니다. 특히 수필이 문학작품이라는 점, 문학작품은 예술이라는 점을 염두에 두고 작품을 빚는 것 같습니다. 구성의 묘미, 개성적인 문체, 다른 사람이 놓치기 쉬운 여러 요소들을 세밀하게 묘사하여 감동을 생성(生成)합니다.

앵두나무와 산벚나무도 경쟁하듯 하얗게 꽃을 피웠고 한발 더 나가니 (해당화가 아니냐는 물음을 자아내는)명자나무 숲은 해당화처럼 붉은 꽃을 소담하게 피우고, 그 담 너머에는 총총 들어선 라일락도 보라색꽃봉오리들이 하늘을 향해 고개를 들고 있었다.

한발 더 나아가는데, 눈앞에는 얼마 전부터 피어 만개했던 산벚나무에서 꽃눈이 봄바람을 타고 내리고 있었다. 꽃눈은 연록의 잔디 위에 내려 조화를 이루고 우레탄 산책로에는 꽃눈 수를 아름답게 놓아 또 다른 개화를 하고 있었다. 흰나비는 바람 타는 꽃눈을 친구로 아는 듯 바람에 반짝이며 날리는 꽃눈을 쫓아 허공을 날아다니기에 퍽 바쁜 모습이다.

— 「꽃눈은 하얗게 내리고」 일부

선생은 가까이에 있는 풀과 나무, 그리고 만나는 사람들에게까지 섬세한 관심을 보입니다. 이 글은 아파트 산책로를 걸으면서 눈에 뜨이는 대로 묘사한 부분입니다. 이어 〈흰나비 펄럭이며 나는 (하늘) 아래 잔디에는 여기저기 수많은 노란 민들레꽃이 하늘을 향해 활짝 피어 있어 비행장 활주로에 놓인 표시등과도 같았다.〉라는 묘사가 보입니다. 여기에서 '노란 민들레꽃'과 '비행장 활주로'를 비유한 것은 공군 장교로 근무한 박천규 선생만의 개성적인 표현입니다.

이처럼 개성적이고 살아 있는 묘사가 작품에 신선한 충격을 줍니다. 〈산책로와 화단을 가르는 좀작살나무에는 궁형의 가는 줄기에 싸리꽃 같은 하얀 꽃이 줄기를 돌돌 말아 피어 눈길을 끌었고, 이웃한 봄철의 첨병 산수유에 폈던 노랑꽃은 어느새 봄 햇살에 바랜 노병(老兵)의 모습이었다.〉에서 세심한 관찰과 자신의 체험을 융합하여 아름다운 수필을 빚어냅니다. 그러나 아름다운 자연은 봄, 여름, 가을에만 머무는 것이 아닙니다. 작가의 눈에 비친 겨울 역시 살아 숨쉬는 생태계입니다.

사람들은 겨울을 곧잘 사마하다고 말한다. 겨울나무는 앙상한 나뭇가지만 남아 있나며 꽃피고 잎 돋던 그때와 비교하며 깊은 정을 주지 않는다. 그러나 선암사의 겨울은 그렇지 않다. 소나무 전나무 같은 늘 푸른 바늘잎나무야 우리 산천 어디서나 볼 수 있는 것이지만, 선암사는 한반도의 남쪽 끝자락 남해바다 가까이 있어 늘 푸른 넓은잎나무의 난대성 식물이 잘 자란다. 동백나무 후박나무 녹나무 태산목 팔손이나무 붉가시나무 종가시나무 호랑가시나무가 여전히 절마당 곳곳에서 초록을 빛내고 있다.

— 「그리운 선암사 매화」 일부

이 글은 묘사보다 서술에 집중하고 있습니다. 〈선암사는 열흘마다 다른 꽃을 선보이며 꽃이 지지 않는 절이 되었다.〉 역시 그러하지만, 〈신록의 계절에는 온 산이 파스텔톤의 연둣빛으로 물드는 것이 꽃보다 아름다운데, 백당나무 불두화는 주먹만한 하얀 꽃을 불쑥 내민다.〉 〈계곡 한쪽에서는 산딸나무 층층나무의 새하얀 꽃이 청순한 자태를 조용히 드러낸다.〉 〈절 마당에서는 태산목이 연꽃봉오리 같은 탐스러운 하얀 꽃을 오늘은 이 가지, 내일은 저 가지에서 한 달 내내 피웠다 떨어뜨린다.〉 등의 묘사는 탄성을 자아내게 합니다.

이러한 묘사는 농사를 짓는 들녘의 풍경도 맛깔나게 살려냅니다. 〈저만치 마치 첫 서리 맞아 누렇게 물든 넓은 잔디밭 같은 들판이 펼쳐졌다.〉 〈누렇게 익어 곧 수확을 앞둔 보리가 서걱거리며 추는 보리들의 군무와 노래를 함께 즐기고 있었다.〉라는 「하지 앞두고 찾아본 청보리밭」의 묘사 역시 그러합니다. 좋은 수필을 창작하기 위해서는 사실적 묘사와 함께, 내면에 흐르는 심리적 묘사와 서술 역시 중요합니다.

며칠 전 받아 보게 된 '당신 먼저!'(After you!)라는 에세이는 마치 내가 겪었던 주부의 '당신 먼저!'와 그 아들의 'After you!'를 다룬 듯해 몇 번이나 읽으며 읽을 때마다 새로운 맛과 향을 느꼈다.

— 「배려와 양보의 향기 '당신 먼저'」 일부

박천규 선생은 '삶의 자연스러운 형상화'를 수필로 인식하는 것 같습니다. 자신의 생활, 느낌, 생각, 그리고 세상의 여러 이야기들을 자연스럽게 서술하고 묘사합니다. 특히 동창이나 이웃이 자신에게 베푼 배려와 우정에 대한 고마움이 여러 작품에 담겨 있습니다. 구체적으로 적시하지는 않았지만, 아내에 대한 사랑과 고마움도 여러 작품에 담겨 있습니다.

글은 곧 필자의 가슴이라고 합니다. 앞으로도 선생의 가슴에 새겨지는 세상의 아름다운 이야기, 행복한 이야기를 끊임없이 수필로 남기리라 믿습니다. 독자들과 공유하는 미덕(美德)을 지속적으로 생성하리라 믿습니다. 이런 믿음과 기대로 박천규 선생의 2수필집『배려와 양보의 향기』에 대한 기행(紀行)을 마칩니다.

# 배려와 양보의 향기

박천규 수필집


발 행 일 | 2016년 10월 4일
지 은 이 | 박천규
발 행 인 | 李憲錫
발 행 처 | 오늘의문학사
출판등록 | 제55호(1993년 6월 23일)
주 소 | 대전광역시 동구 대전로 867번길 52(한밭오피스텔 401호)
전화번호 | (042)624-2980
팩시밀리 | (042)628-2983
홈페이지 | http://www.lito77.co.kr(홈페이지)
전자우편 | hs2980@hanmail.net

공 급 처 | 한국출판협동조합
주문전화 | (070)7119-1752
팩시밀리 | (031)944-8234~6

ISBN 978-89-5669-777-2
값 15,000원





* 이 책은 ㈜교보문고에서 E-Book(전자책)으로 제작 · 판매합니다.
* 잘못 제작된 책은 바꾸어 드립니다.
* 본문에 사용한 종이는 친환경 재생지 '그린라이트' 80g/㎡을 사용하였습니다.